밀이 들려주는
자유주의 이야기

밀이 들려주는
자유주의 이야기

ⓒ 서정욱, 2006

초판 1쇄 발행일 2006년 7월 21일
초판 15쇄 발행일 2023년 5월 18일

지은이   서정욱
펴낸이   정은영

펴낸곳   (주)자음과모음
출판등록 2001년 11월 28일 제2001-000259호
주소   10881 경기도 파주시 회동길 325-20
전화   편집부 (02)324-2347, 총무부 (02)325-6047
팩스   편집부 (02)324-2348, 총무부 (02)2648-1311
e-mail   jamoteen@jamobook.com

ISBN 978-89-544-1942-0 (64100)

밀이 들려주는

자유주의 이야기

서정욱 지음

|주|자음과모음

책머리에

　여러분, 여러분은 이제 저와 함께 철학 여행을 떠나게 됩니다. 여러분은 철학이 무엇인지 아세요? 철학은 무척이나 어렵고 힘들고 따분한 것 같지만, 사실은 가장 친근하고 쉽고 재미있는 것이랍니다.

　간단히 말하자면, 철학은 우리가 어떻게 살아야 하는지, 무엇을 우선시해서 살아야 하는지, 행복한 삶이란 무엇인지에 대한 답을 가르쳐 주는 학문입니다.

　여러분, 궁금해지지요? 그렇다면 이 책 속으로 여행을 함께 떠나 봅시다.

　여기에서 다룰 철학자는 영국의 유명한 철학자 존 스튜어트 밀입니다.

　밀은 1806년 영국의 런던에서 태어났습니다. 그의 아버지 제임스 밀은 스코틀랜드에서 태어났지만, 런던에서 생활하였습니다. 그러면서 공리주의 철학자 제레미 벤담을 알게 되었답니다.

공리주의는 철학의 한 생각으로, 어떻게 하면 많은 사람들이 행복한 생활을 할 수 있을까에 대해서 연구하는 것입니다. 당시 벤담은 '최대 다수의 최대 행복'이라는 말을 했답니다. 이 말은 최대한 많은 사람들에게 최대한 많은 행복을 주자는 의미입니다. 쉽게 말하면, '공공의 행복'이라고 할 수 있겠지요.

제임스 밀도 벤담의 이런 생각에 동의했습니다. 그래서 그의 아들 존 스튜어트 밀도 벤담과 같은 공리주의 철학자로 키우고자 했답니다.

그럼 왜 제임스 밀은 아들에게 공리주의 철학을 가르치려 했을까요?

존 스튜어트 밀이 태어나기 얼마 전, 미국은 영국으로부터 독립을 원했습니다. 영국은 물론 식민지인 미국의 독립을 인정하지 않았죠. 그러나 미국은 조지 워싱턴을 사령관으로 정하고 영국과 전쟁을 하였답니다. 미국은 결국 영국으로부터 독립하였죠. 그리고 영국은 이 전쟁 때문에 경제적으로 많은 손해를 보았답니다.

존 스튜어트 밀이 태어나고 얼마 지나지 않아 프랑스의 황제 나폴레옹은 영국과 전쟁을 하였답니다. 이 전쟁이 바로 여러분도 잘 아는 워털루 전투입니다. 1815년, 나폴레옹은 자신의 명성을 되찾기 위해 유럽의 여러 나라와 전쟁을 하였습니다. 이때, 독일과 연합군을 이룬 영국과도 워털루에서 큰 전쟁을 하였죠. 하지만 이 전쟁에서 프랑스는 패하고 영국과 독일 연합군이 승리하였답니다.

제임스 밀은 영국의 이런 경제적인 위기와 국제적인 전쟁의 승리를 보았고, 가장 좋은 나라는 많은 사람들이 행복하게 사는 나라라고 믿었습니다. 벤담의 공리주의적인 생각이 바로 제임스 밀의 생각과 같았죠.

그래서 제임스 밀은 자신의 아들 존 스튜어트 밀이 벤담의 뒤를 이어 공리주의 철학을 공부해 줄 것을 바랐고, 아들 밀에게 조기교육과 천재교육을 동시에 시켰습니다.

존 스튜어트 밀은 아버지의 뜻에 따라 잘 자라 주었습니다. 그리고 아버지가 원하는 교육도 충분히 잘 소화해, 그가 원하는 공리주의 철학자가 되었답니다. 무엇보다 밀은 영국 사람들에게 자유로운 생각과 자유를 강조하였습니다.

아버지 밀과 다르게 아들 밀의 시대에 영국은 아주 잘사는 나라가 되었답니다. 유명한 빅토리아 여왕이 영국의 왕이었죠.

18세에 왕위에 오른 빅토리아 여왕은 좋은 정치를 하여 영국 사람들로부터 존경받는 여왕이 되었고, 1876년에는 인도까지 통치하였답니다. 그리고 영국의 왕으로는 가장 오랜 기간인 64년 동안 왕좌를 지켰습니다.

영국은 해가 지지 않는 나라

이 말을 모르는 사람은 없겠죠? 바로 빅토리아 여왕 시절에 만들어진 말이랍니다. 빅토리아 여왕은 산업혁명을 막 끝낸 영국이 세계를 이끈

시기에 영국을 상징하는 왕이었습니다.

빅토리아 여왕 시절, 영국 귀족들은 서민들에게도 자유를 허락하였답니다. 물론 미국의 노예제도 문제로 약간의 잡음은 있었지만, 서민들의 자유로운 행동과 생각은 영국을 지금까지와는 다른 나라로 만들었습니다. 이렇게 해서 영국의 중류계급은 눈부신 성장을 하게 되었죠.

신사 나라 영국

이 말도 빅토리아 여왕 시절에 만들어졌답니다. 귀족들과 서민들은 서로 잘 어울렸습니다. 원래 귀족들은 도덕을 강조하면서 서민들에게 복종을 요구했지만, 빅토리아 여왕 시절을 중심으로 이러한 귀족들의 생각은 사라졌습니다.

반면에 귀족들의 도덕은 영국 사람들의 도덕이 되었습니다. 영국 사람들은 바로 이 귀족적인 도덕을 바탕으로 명예를 강조하고 체면을 존중하는 '신사의 나라 영국'이라는 새로운 문화를 만들어 낸 것입니다.

밀이 주장한 자유로운 생각과 자유가 빅토리아 여왕의 자유로운 정치로 이어졌을까요? 아니면, 빅토리아 여왕의 자유로운 정치가 밀의 자유로운 생각과 자유로 나타났을까요? 분명하지는 않습니다만, 밀의 자유로운 생각과 자유, 그리고 빅토리아 여왕의 자유로운 정치는 함께 나타났을 것입니다.

밀의 자유로운 생각과 자유는 바로 서민들의 자유로운 생활로 이어졌습니다. 그리고 이 자유로운 서민들의 행동과 생각이 자유로운 영국을 만든 것이죠. 밀은 이러한 것이 '공공의 행복'을 만든다고 보았답니다.

밀의 자유로운 생각과 자유가 무엇인지 궁금하죠?

생각을 하지 않는 사람은 없습니다. 사람마다 다 생각을 하며 삽니다. 하지만 어떤 사람은 생각에 생각을 거듭하여 좋은 결론을 이끌어 내고, 또 어떤 사람은 생각에 생각의 꼬리를 물지 못하고 결론을 내지 못한 채 중간에서 포기하고 맙니다.

왜 그럴까요?

밀은 생각하는 방법이나 규칙을 몰라서 그렇다고 합니다. 그래서 밀은 우리가 좋은 생각의 꼬리를 물고 좋은 결론을 이끌어 낼 수 있도록 규칙을 정했답니다. 밀이 가르쳐 준 규칙에 따라 생각을 하면 참 좋은 결론에 도달할 수 있습니다.

밀은 또한 자유에 대해서 우리에게 이야기하고 있답니다. 자유는 참 좋은 것이죠. 사람을 행복하게도 만들고요. 그러나 밀이 살던 시대에는 자유롭지 못한 사람들이 참 많았답니다. 노예나 천민이 그 대표적인 예 겠지요. 밀은 그런 사람들을 참 안타깝게 생각해서 노예해방 운동도 하였습니다. 그리고 미국에서 남북전쟁이 일어났을 때도, 노예해방을 하자고 주장한 북부 군을 도와야 한다고 영국 사람들에게 말했답니다.

밀의 이러한 자유로운 생각과 자유, 참 재미있겠죠? 밀의 생각이 무엇인지 우리 함께 살펴볼까요?

밀의 자유로운 생각과 자유를 찾을 수 있게 도와준 분들이 참 많아요. 무엇보다 쉽게 찾을 수 있도록 이 책을 편집해 주신 분, 디자인해 주신 분, 그리고 그림을 그려 주신 분에게 감사드려야겠죠? 그리고 누구보다도 고마운 사람은 이 책을 출판해 주신 (주)자음과모음 출판사 강병철 사장님입니다. 정말 고맙습니다.

자, 이제 밀이 이야기한 자유로운 생각과 자유가 무엇인지 첫 장을 열어 볼까요!

C O N T E N T S

프롤로그

붉고 노랗게 물든 가을 나무들이 노을빛을 받아 영롱하게 빛날 때, 강가에 서서 서로의 손을 꼭 잡고 사랑을 맹세한 두 사람이 있었습니다. 고운 빛깔로 빛나며 열매 맺는 나무들처럼 아름다웠던 그해 가을, 두 사람은 결혼을 하였습니다.

이 낭만적이고 환상적인 사랑의 주인공은 바로 우리 부모님이랍니다. 그렇게 해서 낳은 딸이 바로 나, 김가을이고요. 올해 열두 살이니, 부모님의 그 가을날 사랑 이야기가 시작된 지도 벌써 열두 해가 된 셈이네요. 우리 부모님은 가을의 노을을 무척 좋아하신답니다. 그래서인가요? 올해엔 나와 무려 열두 살 차이가 나는 동생, 노을이가 태어났어요.

"우아, 정말 멋져! 너희 부모님은 꼭 영화에 나오는 주인공 같아."

"나도 동생이 있었으면 좋겠다. 우유도 타 주고, 기저귀도 갈아 주고,

유모차도 태워 줄 텐데! 꼭 엄마 놀이하는 기분일 거야."

친구들은 부모님의 낭만적인 사랑 이야기를 마치 영화나 소설처럼 흥미롭게 들었고, 형제 없이 대부분 혼자뿐인 친구들은 늦둥이 동생을 무척이나 부러워했습니다. 친구들의 부러운 눈길을 한눈에 받는 나 역시 몹시 뿌듯하고 자랑스러웠지요. 아주 잠깐은요.

혹시, 이런 광고 문구를 본 적이 있으신가요?

'낭만은 짧고 생활은 깁니다.'

이제 겨우 열두 살인 내가 낭만이니 생활이니 뭘 알겠느냐고 하시겠지만, 나는 그 광고 문구를 보며 '아, 기쁨은 잠시, 고통은 영원하군!' 이라고 생각했습니다. 노을이가 태어나자 나의 생활은 완전히 달라졌으니까요. 모든 관심과 사랑을 한 몸에 받던 예전의 김가을이 아니었답니다.

시도 때도 없이 울어 대는 아기는 도대체 무엇을 원하는지 알 수가 없었습니다. 우유를 주어도, 기저귀를 갈아 줘도, 재롱을 피워도 빽빽 울어 대는 노을이 때문에, 엄마께 동생을 잘 돌보지 않는다고 괜한 꾸중만 들어야 했으니까요. 뿐만 아니라, 동생이 잠자는 시간에는 마음대로 텔레비전을 보거나 친구를 데려오지 못했고, 엄마를 도와 집안일을 해야 했기에 친구 집에 놀러 갈 수도 없었거니와, 학교가 끝나면 곧장 집으로 달려와야 했답니다.

그야말로 족쇄만 차지 않았지, 노예나 다름없습니다. 자유를 빼앗긴 노예 말이에요.

'아, 자유가 아니면 죽음을 달라!'

누가 한 말인지는 잘 모르겠지만, 어쨌든 이렇게 외치고 싶었습니다.

부모님이나 친구들에게 이런 나의 심정을 말하면, 모두들 '행복한 비명'이라고 말합니다. 남들이 갖지 못한 것을 가진 사람이 부리는 괜한 투정 같은 것이라고요. 예쁜 동생을 위해 하는 그 정도 희생쯤은 오히려 기쁨이라나요?

아, 괴롭습니다. 도대체 누가 내 마음을 이해할까요? 세상에 나를 이해해 줄 수 있는 사람이 있기는 한 걸까요?

가까이에서 내 고민을 들어주고 이해해 주는 사람은 없을지 몰라도, 나를 위로해 줄 수 있는 사람이 꼭 한 사람 있긴 합니다. 크크크. 생각만 해도 웃음이 나오는 사람. 바로, 래인!

래인이 누구냐고요? 래인을 모르면 간첩이라는 말이 있는데, 혹시 간첩?

래인은 요즘 최고의 인기 가수랍니다. 목까지 내려오는 긴 머리, 짙고 곧은 눈썹, 맑게 빛나는 눈, 연필로 그려 놓은 듯한 입술, 부드러운 목소리, 그리고 환상적인 춤 솜씨!

그가 텔레비전 화면 속에서 노래를 부르고 춤을 출 때면, 내 심장은 멎어 버릴 것만 같아요.

'꺄악! 오빠 멋져요!'

래인의 모습을 보면 서러운 내 감정이 눈 녹듯 사라지는 것 같아요. 충분히 나의 불행한 삶을 위로해 주지요.

가끔 텔레비전에 나온 래인의 모습에 정신이 팔려 노을이가 먹을 우유 타는 것을 깜빡하고 한참 동안 울리거나, 가스레인지에 올려놓은 삶은 빨래를 살피지 않아 엄마에게 꾸중을 듣기도 하지만, 래인을 볼 수만 있다면 꾸중 따윈 아무렇지도 않아요. 래인을 보는데 그 정도의 꾸지람은 오히려 즐거운 일이라는 생각이 들거든요. 히히히.

래인만 생각하면 이렇게 자꾸 웃음이 납니다. 누군가 계속 간지럼을 태우는 것처럼요. 키키키.

그, 런, 데! 세상에, 이런 일이! 믿을 수가 없어요. 믿어서도 안 돼요.

노을이의 빨래를 개면서 우연히 보게 된 텔레비전, 그 속에 래인이 있었지요. 목까지 내려오던 머리카락을 빡빡 밀어 버린 래인의 맑은 두 눈에는 눈물이 맺혀 있었어요.

"지금은 잠시 여러분 곁을 떠나지만, 씩씩한 모습으로 다시 돌아오겠습니다. 저를 잊지 말아 주세요!"

뒤돌아서는 래인의 모습에, 나도 모르게 눈물이 또르르 굴러 떨어졌습니다.

자유를 구속하는 세상

 국가의 가치는 결국 그것을 구성하는 개개인의 가치이다.

−존 스튜어트 밀

1 군대는 왜 가야 하지?

"저를 잊지 말아 주세요······."

뒤돌아서는 래인의 모습이 사라지고 예쁜 탤런트가 아이스크림을 맛있게 먹는 광고가 나왔지만, 내 눈엔 온통 짧게 머리를 깎은 래인의 모습만 보였습니다. 나도 모르게 노을이의 손수건을 입에 물고 눈물을 똑똑 흘렸습니다.

'저를 잊지 말아 주세요······.'

떨리는 목소리로 말을 잊지 못하던 래인의 모습이 자꾸만 꿈처럼 느껴집니다. 내가 어떻게 잊을 수 있겠어요? 나의 유일한 기쁨이자 희망이었던 래인인데!

정말일까요, 래인이 군대에 갔다는 소식이? 몰래 카메라거나 연기는 아니겠지요? 이제 더 이상 텔레비전에서 래인이 노래하고 춤추는 모습을 볼 수 없다는 것을 믿을 수가 없어요! 이제 나는 무슨 낙으로 살아야 할까요? 엄마 심부름이나 하면서, 동생 우유나 타 주면서 그렇게 살아야 하나요?

아무리 생각해도 이건 정말 너무해요. 늦둥이 동생 때문에 노예나 다름없는 생활을 하는 내 얘기가 아니라, 래인 말이에요. 한창 인기를 모으며 가수 활동을 열심히 하고 있는데, 군대로 불러들이다니요. 가수가 노래만 잘하면 됐지, 뭐 나라까지 지켜야 하나요? 나라야 다른 사람들이 지켜도 충분할 텐데. 나라를 지키는 일만큼이나 우리에게 노래를 불러 주면서 꿈과 희망을 주는 일도 얼마나 중요한데요? 그런 래인이 꼭 군대에 가야 하나요? 정말 말도 안 돼요.

나는 나도 모르게 주먹으로 바닥을 꽝 내리쳤습니다.

"가을이 뭐 하니? 아직도 빨래를 개고 있어? 엄마 잠깐 외출해야 하니까, 얼른 좀 도와 달라니까!"

나는 엄마의 말씀도 귀에 들어오지 않았어요. 계속 멍하니 텔레비전 화면만 바라보았지요.

"가을아! 너 또 텔레비전에 정신이 팔려서……."

엄마가 텔레비전 전원을 끄셨어요. 갑자기 화면이 까맣게 꺼지면서 정신이 번쩍 들었지요.

"애, 정신 차려라. 엄마 말 안 들려?"

엄마가 내 얼굴 앞에서 손을 몇 번 흔들자, 이내 래인의 모습도 사라졌습니다.

"치, 엄만 아무것도 모르면서!"

나는 손에 들고 있던 노을이 옷들을 내팽개쳐 두고 방문을 쾅 닫았습니다. 그리곤 이불을 뒤집어쓰고 누웠습니다. 온통 래인 생각뿐이었지만, 이번엔 화가 나서 견딜 수가 없었습니다.

왜 남자들은 군대에 가야만 하지요? 나라를 지키는 일이라 해서 개인의 자유를 빼앗아도 되는 건가요? 국가가 있어야 국민도 있다고는 하지만, 국민이 있어야 국가도 있는 것 아닌가요? 개인의 자유가 보장되어야 국가의 자유도 보장되는 것 아니냐고요!

그리고 왜 가족이라는 이름으로 자유를 빼앗는 거냐고요!

래인이 군대에 갔다는 소식과 함께, 나는 나의 처지가 한없이 불

쌍하게 여겨졌습니다. 래인 역시 나처럼 자유를 빼앗겨 노예 신세
가 된 것 같았거든요.

다음 날, 학교에서도 온통 래인 이야기뿐이었어요.

"너 그 소식 들었어?"

"뭘?"

"가수 래인 말이야!"

"어쩜 좋아! 래인 없이 이제 무슨 재미로 텔레비전을 보니?"

"맞아, 맞아. 우리 엄마도 정말 안타까워하시더라. 군대가 재능
을 꺾어 버린다고."

"그러게 말이야. 운동선수들은 뭐, 병역 특례니 뭐니 하면서 면
제도 해 준다던데⋯⋯."

"정말? 그럼 래인도 그런 걸로 군대 안 가면 안 되나?"

"글쎄, 잘 모르겠지만 그게 쉽지만은 않은가 봐. 대한민국 남자
들은 모두 국방의 의무를 가지고 있으니까."

아이들은 래인의 입대 문제로 떠들썩했습니다.

나는 아무런 말도 하기 싫었습니다. 래인의 입대 이야기가 쉽게
아이들 입에 오르내리는 것도 못마땅했습니다.

그때 슬기가 내게 다가왔습니다.

"가을아, 너 표정이 왜 그러니?"

슬기는 나의 가장 친한 친구입니다. 공부를 잘할 뿐만 아니라 언제나 논리적으로 말하는 똑똑한 아이입니다. 그래서 슬기와 있으면 가끔씩 주눅이 들기도 하지만, 그래도 언니처럼 나를 잘 챙겨 주고 아는 것도 많은 슬기가 나는 매우 좋습니다.

"……."

그러나 오늘은 슬기와 어떤 이야기도 나누고 싶지 않습니다. 슬기뿐만 아니라 모든 아이들과도 말이죠.

"가을이 너, 래인 때문에 그렇구나?"

슬기가 나를 보며 웃습니다. 내가 가수 래인을 좋아한다는 것을 슬기도 알고 있으니까요. 다른 아이들과는 경쟁이 붙어서 서로 자신이 더 래인을 좋아한다고 옥신각신하지만, 슬기는 내가 래인을 좋아하는 것을 인정하고 '가을이만의 래인'이라고 불러 주었습니다. 그래요, 슬기는 분명 나의 이 쓸쓸하고 허전한 마음을 이해해 줄 거예요.

"래인이 군대에 갔어……."

나는 차마 말을 끝맺지 못하고 눈물을 글썽였습니다.

"하하하!"

갑자기 슬기가 큰 소리로 웃었습니다. 기분이 언짢았지만 슬기에겐 내 모습이 조금 우스울 수도 있겠다는 생각이 들었어요.

"그렇게 웃지 마! 난 정말 심각하다고. 내가 노을이 때문에 거의 노예나 다름없는 생활을 한다는 걸 너도 잘 알잖아. 그런 사막 같은 내 삶에 오아시스 같은 존재가 바로 래인이었다고. 근데, 그런 래인을 이젠 텔레비전에서 더 이상 볼 수 없게 됐는데, 넌 지금 웃음이 나오니?"

나는 한숨을 푹 쉬었습니다.

"가을아, 뭐 그런 걸 가지고 그렇게 울상이야? 노을이가 태어나서 넌 친구들의 부러움을 한 몸에 받고 있고, 래인은 겨우 2년 후면 다시 돌아와 노래를 부를 텐데."

슬기는 아무렇지 않게 말했습니다. 그런 슬기의 말이 못내 섭섭해서 나는 소리를 버럭 질렀습니다.

"2년씩이나 래인을 볼 수 없다는 건 생각 못해?"

"대한민국의 건강한 남자라면 누구나 군대에 다녀와야 하는 건 당연한 국방의 의무라고!"

슬기도 답답하다는 듯이 덩달아 소리를 지릅니다.

"그건 너무 억지야. 우리나라가 무슨 공산주의 국가야? 북한이

냐고! 왜 자유를 구속하고 재능을 꺾으면서까지 다 똑같이 군대에 보내는 건데? 우리가 지금 전쟁 중이야? 이라크야? 왜 무조건 군대에 가야 하는데!"

나는 기관총을 쏘듯 쏘아붙였습니다.

"가을아, 래인만 생각하지 말고 좀 넓게 우리나라를 생각해 봐. 우리나라는 유일한 분단국가야. 한국전쟁은 아직 끝난 게 아니라고. 너 6·25 때마다 보는 영화나 학교에서 배운 거 생각 안 나? 전쟁은 그렇게 끔찍한 거야. 그것으로부터 우리 스스로를 지킬 수 있는 방법은 국방력을 키우는 것뿐이라고 학교에서 배워서 너도 잘 알잖……"

슬기가 뭔가를 더 설명하려고 했지만, 오늘은 왠지 잘난 척하는 것 같아 듣고 싶지 않습니다. 그래서인지 똑똑한 슬기의 말에도 수긍이 가지 않기는 마찬가지입니다.

"흥! 한국전쟁은 우리 아빠가 태어나기도 훨씬 전에 일어났고, 이제 50년도 넘은 이야기야. 아주 옛날이야기라고. 전쟁이 일어나려면 벌써 일어났지, 여태 이렇게 조용하겠니? 이건 다 국가의 힘으로 국민의 자유를 빼앗으려고 하는 거라고."

나도 지지 않고 말했습니다.

"더 깊이 생각해 봐. 왜 전쟁이 일어났고 우리 민족이 수난을 겪었는지. 다 우리나라에 진정한 자유가 없었기 때문이야. 우리 힘으로 자유를 얻고 거기서 나온 힘으로 나라를 지켰어야 하는데, 그게 부족했기 때문에 일본의 식민지가 되고 전쟁을 치르기도 했던 거라고. 그러니까 우리 국민이 나라를 위해 희생하는 건 당연한 거야. 국가가 없으면 어떻게 개인이 있겠니? 그건 국가가 개인의 자유에 개입하는 게 아니라, 당연한 권리를 갖는 거라고."

점점 슬기는 어려운 설명을 합니다. 선생님처럼 나를 가르치려고 하는 슬기의 태도가 마음에 들지 않습니다.

"어째 넌 자꾸 당연한 거라고만 생각하니? 식민지 시대나 전쟁 때와 달리 지금은 세상이 엄청나게 변했어. 그런데 여전히 옛날 생각만으로 국방력에 힘을 쏟는다고 우리나라가 진정한 자유를 얻고 발전할 것 같아? 아니야, 오히려 그건 국방력 낭비라고. 우리가 세계의 경쟁에서 살아남으려면, 다양한 면에서 골고루 발전해야 돼. 이를테면 문화 같은 거 말이야. 한류 열풍이 우리나라의 새로운 경쟁력을 키워 주고 있다는 걸 모르진 않겠지? 그러니까 더욱 골고루 발전시켜야 하는 거 아니겠어? 그래서 래인 같은 가수가 꼭 필요한 거고."

어라? 나도 모르게 논리적이고 어려운 말이 술술 잘도 나오네요. 원래 나는 흥분하면 말을 더 못하는데…… 아무래도 내가 절실하게 느낀 래인의 일이어서 그런지 말도 잘 나오는 것 같습니다.

"그러니까 내 말도 너와 다르지 않아. 우리나라가 그렇게 여러 면에서 발전할 수 있었던 것도 바로 국민들이 그 의무를 다했기 때문이라고 생각해. 나라를 지켜 주는 누군가가 있기 때문에 노래를 부르는 가수도 있을 테고, 과학자들도 연구를 하지 않겠어? 누구나 군대에 가는 것을 좋아하진 않을 거야. 그렇다고 모든 사람들이 다 군대에 가지 않는다면, 우리나라는 누가 지키겠니?"

슬기가 눈을 동그랗게 떴습니다.

"군인이 되고 싶어 하는 사람이 왜 없겠어? 그런 사람들이 자원하면 되잖아. 내 말은, 자유민주주의 국가가 어째서 막무가내로 개인의 자유를 무시하고 모든 남자들을 군대로 데려가느냔 말이야! 이건 국가권력이 국민에게 휘두르는 횡포야!"

나는 래인을 데려간 군대가 아니라 슬기에게 화가 나 있었습니다. 그래도 내 마음을 이해해 줄 줄 알았던 슬기 역시 래인이 군대에 간 것은 당연한 의무라고 했으니까요.

그래요, 나도 사회 시간에 배워서 잘 알아요. 국민의 의무 중에 국방의 의무가 있다는 거, 그래서 군대에 가야만 한다는 거. 그렇지만, 래인이 영영 떠나 버린 것만 같아 슬픈 걸 어떡해요? 내 마음을 몰라주는 사람들 때문에 슬픈 걸 어떡하느냐고요!

나는 벌떡 일어나 화장실로 달려갔습니다. 슬기와 대화조차 하기 싫었습니다. 그래도 가장 친한 친구인데, 나를 위로해 주지는 못할망정 결국 말다툼을 하게 만들어 버린 것 또한 속상했습니다.

수업이 끝나자 슬기는 슬그머니 내 자리로 찾아왔습니다. 함께 집에 가자는 것이었지요. 나는 대꾸도 않고 가방을 메고는 혼자 뛰어나왔습니다. 괜히 슬기가 미웠습니다.

2 래인 오빠에게

시무룩해져서 집으로 돌아왔는데, 엄마가 내 기분은 아랑곳하지 않고 또 노을이와 놀아 주라고 합니다.

"엄마, 나를 왜 낳았어요!"

대뜸 나는 소리를 질렀습니다.

"아휴, 깜짝이야! 왜 소리를 질러?"

"왜 날 낳았냐고요!"

"그야, 노을 지는 가을날 아빠와……."

엄마는 또 그 낭만적 사랑에 대해 말씀하시려나 봅니다. 나는 얼굴을 찡그렸습니다.

"엄만 노을이 봐 줄 사람이 필요해서 날 낳았지!"

나는 소리를 버럭 지르고 방으로 뛰어 들어와 문을 잠그고 책상 위에 엎드렸어요. 괜히 눈물이 나고 짜증스럽습니다. 지금 내가 할 수 있는 일은 무엇일까요? 누가 날 위로해 줄 수 있을까요?

'나를 잊지 말아 주세요!'

래인의 마지막 모습만 눈앞에 어른거립니다.

'그래, 결심했어! 래인에게 편지를 보내야지.'

팬레터가 날마다 방 안에 가득 차서 다 읽지도 못한다는 말을 듣고, 나는 한 번도 래인에게 편지를 써 본 적이 없습니다. 그렇지만, 지금은 상황이 조금 다르지 않겠어요? 사람들은 래인이 군대에 갔다고 금방 잊어버릴지도 모르지만, 나는 달라요. 나는 절대 그런 배신자가 아니거든요.

방 안에 가득 찬 팬레터를 읽는 것보다 군대에서 위문편지를 읽는 일이 그래도 래인에겐 좀 더 쉬운 일일 것 같아요. 경쟁률도 훨씬 적을 것 같고. 그러면 내가 보낸 편지를 래인이 군대에서 받아 볼 수도 있겠지요? 감동스럽게 쓴 나의 편지를 읽고 래인이 답장을 보낼지도 모르고요.

그래요, 래인의 답장을 받을 수도 있겠네요. 그렇다면? 하하하, 희망은 사라지지 않는군요!

영원한 가수, 래인 오빠에게

텔레비전을 켜면, 지금이라도 당장 화면 속에서 오빠가 나와 노래를 부르고 춤을 출 것만 같아요. 그래서 래인 오빠가 군대에 갔다는 사실이 믿어지지가 않아요.

오빠, 안녕하세요?

오빠의 긴 머리가 잘린 모습을 보고 얼마나 많이 울었는지 몰라요. 아마도 당분간 오빠를 보지 못한다는 생각 때문에 그랬던 것 같아요. 하지만 오빠가 어디에 있든, 저는 오빠를 잊지 않을 거예요.

참, 저는 김가을이에요. 올해 열두 살, 5학년이에요. 감수성도 예민하고 생각도 많은, 사춘기에 접어든 숙녀랍니다. 그리고 저희 가족은 부모님, 동생과 저, 이렇게 네 식구예요.

저에겐 열두 살 차이가 나는 동생 노을이가 있어요. 노을이가 태어나면서부터 저는 동생을 돌보느라 모든 자유를 빼앗겼죠. 예쁜 동생이 생겼으니 그 정도는 참아야 한다나요?

그렇지만 저는 노을이 때문에 텔레비전도 마음대로 보지 못하고, 친구들과 놀지도 못해요. 그래서 많이 속상했어요.

그나마 오빠의 노래를 듣는 것이 유일한 낙이었는데, 오빠마저 군대에 가서 얼마나 속상한지 몰라요.

오빠가 군대에 가게 되었다는 이야기를 듣고, 동생에게 얽매인 저처럼 오빠도 군대에 얽매여 노래할 자유를 빼앗긴 것만 같았거든요. 왠지 오빠와 저는 처지도 비슷하고, 또 특별한 인연인 것 같다는 생각이 들었어요. 그래서 이렇게 용기를 내 오빠에게 편지를 쓰게 되었고요.

벌써 가을이에요. 제 이름이 가을이어서 그런지 가을은 제가 좋아하는 계절이기도 해요. 이제 막 은행잎과 단풍잎들이 조금씩 물들기 시작했어요.

오빠가 진짜로 제 편지를 읽게 될까요? 또, 오빠의 답장을 받게 된다면 얼마나 기쁠까요? 그치만 오빠가 편지를 읽지 못한다고 해도, 그래서 답장을 받지 못한다고 해도, 전 하나도 섭섭하지 않아요. 이렇게 오빠에게 편지를 쓴다는 것만으로도 기쁜걸요. 오빠가 이 세상에 있다는 사실 하나만으로도 행복하답니다.

올해는 가을 나무들이 특별히 예쁘게 물들 것 같아 괜히 설레네요. 오빠와 계속 편지를 주고받을 수 있을 것 같다는 예감이 들어요. 히히.

오빠, 그럼 다음에 또 편지할게요.

오빠를 잊지 않는 가을이가

3 자유, 복잡한 자유!

나는 슬그머니 슬기를 바라봅니다. 슬기는 나에게 눈길조차 주지 않는군요. 아마도 어제 나와 말다툼한 것 때문에 화가 나 있나 봅니다. 근데 화가 났다면 내가 더 많이 났지 않겠어요? 슬기의 이야기가 뭐 틀린 건 아니지만, 그래도 친한 친구의 마음을 헤아려 주지 못한 건 잘못 아닌가요?

하지만, 어젯밤 래인에게 편지를 쓰고 나니 조금은 마음이 수그러들었습니다. 슬기에게 완전히 화가 풀린 건 아니고요. 오늘 슬기가 내게 말을 걸어온다면 슬그머니 대꾸하면서 어제 일은 없었던 것으로 하려고 했는데, 슬기는 나를 쳐다보지도 않는군요.

치, 누가 그렇게 잘난 척하라고 했나? 그냥 날 위로해 주면 됐을걸, 괜히 왜 의무가 어떻고 자유가 어떻고 해서 날 화나게 하냐고. 좋아. 내게 먼저 말을 걸지 않는다면, 나도 먼저 말하지 않겠어!

나는 괜한 오기가 생겼습니다.

수업이 시작됐습니다. 선생님은 교실에 들어오자마자 아이들을 빙 둘러보며 씽긋 웃어 보입니다. 어째 여느 날과는 다른 모습입니다.

"여러분이 좋아하는 가수 래인이 군대에 갔다고 혹시 속상해서 밥도 못 먹는 사람 있나요?"

앗! 선생님이 어떻게 내 마음을 아셨을까요?

"몇몇 여학생들의 얼굴이 핼쑥해졌네요. 호호호."

선생님은 아이들을 둘러보며 장난스럽게 웃었습니다.

선생님마저 래인의 입대 문제를 농담처럼 얘기하시는 건 아니겠지요?

"선생님도 그랬어요. 어렸을 때 박혜성이라는 가수를 무척 좋아해서, 콘서트 쫓아다니느라 밥 먹는 것도 잊어버리곤 했죠."

선생님의 말씀에 나는 빙긋이 웃었어요. 선생님과 우리가 다르지 않다는 것도 기뻤고, 왠지 선생님이라면 내 마음을 잘 이해해 줄 것도 같았기 때문이에요.

"여자 애들은 정말 시시해요. 연예인이 뭐가 좋다고 그러는지. 나 같은 미남이 같은 반에 가까이 있는데 말이에요."

우리 반 '얼짱' 민석이의 말에 아이들이 박장대소를 합니다. 나도 크크, 웃음이 나왔어요. 물론 민석이도 잘생겼지만, 래인 오빠만큼은 아니거든요.

쟨 지 멋에 산다니까!

"친구이건 연예인이건, 동물이건 물건이건, 좋아한다는 감정은 나쁘지 않아요. 좋아하는 마음이 생기면 그것에 대해 깊이 생각하게 되고, 깊이 생각하게 되면 마음이 어른스러워지거든요. 선생님은 여러분이 누군가를 좋아하는 감정으로 때론 기뻐하고, 때론 상처받는 일 모두 소중하다고 생각해요. 그만큼 여러분의 생각이 깊어질 테니까요."

나도 선생님의 말씀에 공감했습니다. 래인의 입대 소식 때문에 무척 괴로웠지만, 여러 가지 생각을 통해서 내가 부쩍 자란 것 같았거든요.

"선생님, 정말 궁금한 게 있어요. 우리나라 젊은 남자라면 모두 군대에 가야 한다고 하는데, 그건 개인의 자유의사를 무시한 국가의 권력 남용 아닌가요?"

우리 반 1등인 혜림이가 제법 어른스런 말투로 선생님께 질문했습니다.

혜림이 역시 래인의 열혈 팬이랍니다. 지난번에 혜림이는 래인의 콘서트에서 찍은 사진을 보여 주면서, 실제로 본 래인의 모습을 설명하며 자랑을 했었답니다.

똑똑한 혜림이는 말을 참 조리 있게 합니다. 내가 만약 혜림이와 똑같은 질문을 했다면, 아마도 이렇게 했겠지요.

'래인을 강제로 군대에 끌고 가다니, 이건 정말 너무해요. 이런 법이 어디 있어요!'

막무가내로 떼를 쓰듯이 말이에요.

"흠흠, 장차 군대에 갈 몸이신 제가 말씀드리겠습니다."

승헌이는 목을 가다듬었습니다.

"국방의 의무, 납세의 의무, 근로의 의무, 교육의 의무는 국민이 지켜야 할 4대 의무로서, 이를 지키지 않으면 국가 존립에 문제가 생기고, 국가의 위기는 곧 개인의 위기가 되는 것이지요. 흠흠, 특

히 국방의 의무를 지키지 않으면 처벌을 받게 되는데, 이런 사람들이 많으면 국가 존립이 위험해지지요. 로마가 용병에 의해 망한 것처럼, 국민이 국가의 의무를 소홀히 하면 국가가 위험해집니다. 그러므로 우리 대한민국의 건강한 남자들은 나라를 지켜야 합니다. 저는 군대에 가서 나라를 지키는 데 앞장서겠습니다."

승헌이는 당장 군인이라도 된 것처럼 '충성' 하고 거수경례를 올려 붙였습니다. 아이들이 일제히 웃으며 박수를 쳤습니다. 승헌이는 제법 똑똑한데다 유머 감각도 뛰어나 우리 반에서 인기가 많

환 입소를 축하합니다 영

습니다.

　그러나 나는 박수를 치지 않았습니다. 국민의 의무니 어쩌니 할 때마다 잘 이해가 되지 않거든요. 그럼 국민이 행복할 권리는 어쩌고, 자유는 어쩌라고? 자꾸 래인이 떠올라 반항을 하고 싶어집니다.

　"모두 맞는 말이에요. 의견이 분분할 수밖에 없는 문제이고요. 여러분은 선생님이 생각했던 것보다 훨씬 더 많은 걸 생각하고 있었군요. 의무와 자유, 국가와 국민, 서로 상반된 것 같지만 떼려야

뗄 수 없는 관계예요. 너무나 복잡하지요?"

아이들이 일제히 '네!' 하고 소리칩니다.

"영국의 철학자 존 스튜어트 밀은 자신의 저서《자유론》을 통해
국가, 또는 사회가 개인의 행동에 대해 간섭할 수 있는 범위와 한
계를 논하면서, 개인의 자유는 불가피한 경우를 제외하고는 최대
한 허용되어야 한다고 주장했어요."

갑자기 어려워지는 선생님의 설명에 몇몇 아이들이 웅성거립
니다.

"거봐! 개인의 자유가 더 중요하대잖아."

"밀은 각 개인이 '자신의 육체와 정신의 주권자'이기에, 자신의
육체와 정신을 자유롭게 사용할 수 있는 권리를 갖고 있다고 보았
어요. 특히 개인은 다양한 개성을 갖고 있기 때문에, 각자 자유롭
게 결정하여 행동하는 것이 각 개인의 개성을 발휘하는 데 더 좋
은 결과를 가져온다고 생각한 것이지요. 그래서 간섭보다는 자유
가 각 개인의 발전과 자아실현에 더 큰 도움이 된다고 보고, 개인
의 자유가 최대한 보장되어야 한다고 주장했어요."

선생님의 말씀이 끝나자, 맨 뒤에 앉은 선휘가 질문을 합니다.

"그러니까 선생님, 쉽게 말하자면 개인의 자유가 더 중요하다는 거죠? 선생님께서도 군대에 가는 문제에 있어 개인의 자유의사가 더 우선시되어야 한다는 말씀을 하시는 것 아닌가요?"

선휘 역시 래인의 팬이지요.

"글쎄요, 그렇게 말하기에는 좀 복잡한 문제가 있는데……. 우선, 우리 모두 '자유'에 대해서 먼저 생각해 보도록 해요. 오늘 선생님이 잠깐 얘기한 영국의 철학자 밀에 대해서 조를 나누어 알아보고, 그가 말한 자유, 그리고 여러분이 생각한 자유에 대해 발표해 보는 시간을 갖는 게 어떨까요? '자유'라는 주제로 자유롭게 발표하는 수업 말이에요."

아이들은 '자유라는 주제로 자유롭게 발표하는 수업'이란 말에 흥미를 느낀 것 같아요.

평소엔 조별 토론을 별로 좋아하지 않았거든요. 왜냐하면 혼자 하는 숙제보다 더 많은 시간이 필요하고, 의견 충돌이 생겨서 종종 다투는 일도 많으니까요.

그렇지만 이번 발표는 주제가 '자유'인 만큼 조를 짜는 것도 선생님이 정해 주시지 않고 서로 의견이 맞는 친한 친구들끼리 자유롭게 조를 만들어 발표하기로 했습니다.

당연히 아이들은 재미있을 거라 생각하고 선생님이 제안하신 수업에 찬성하였습니다.

평소 같으면 슬기와 눈을 찡긋거리며 '우리 같은 조 하자!' 하고 사인을 보냈겠지만, 나는 그냥 책상만 바라보고 있었습니다.

혹시 슬기가 먼저 나에게 신호를 보냈을까요?

나는 슬며시 고개를 드는 척하면서 슬기를 바라보았지만, 슬기는 자기 짝과 이야기를 나누고 있습니다. 역시 그렇군요.

존 스튜어트 밀보다 앞선 공리주의자

18세기 말부터 시작된 영국의 공리주의적 생각은 19세기에 가장 발달하였습니다. 19세기 영국의 철학자들은 그 당시 사회생활과 직접적으로 관계가 있는 것에 대해서 많이 생각하였습니다.

이 시기 영국에서는 이미 산업혁명이 시작되어 계속 진행되고 있었습니다. 영국의 산업혁명은 돈이 많은 사람이나 땅을 많이 가지고 있던 사람들에게는 더 많은 돈을 벌 수 있는 기회였답니다. 그러나 공장에서 일하는 산업 노동자들은 여전히 가난에서 벗어나지 못했습니다. 산업혁명으로 농촌의 값싼 노동자들이 도시 공장으로 몰려왔기 때문입니다.

공장 주인은 더 값싼 노동자를 원했답니다. 결국 일할 사람은 많아지고 일자리는 부족하게 되었죠. 게다가 공장 주인은 물건을 비싼 가격으로 팔아 더 많은 이익을 남겼습니다.

이런 노동자들을 대신해서 노동자의 권리를 찾아 주고자 했던 사람들이 바로 영국의 공리주의 철학자들이랍니다. 그리고 그중 가장 대

표적인 사람이 제레미 벤담입니다. 여러분이 잘 아는 '최대 다수의 최대 행복'이라는 말을 한 철학자죠.

존 스튜어트 밀의 아버지 제임스 밀도 벤담과 생각을 같이한 공리주의 철학자입니다. 벤담과 제임스 밀은 존 스튜어트 밀보다 앞서 공리주의를 주장하였습니다. 이들은 어떻게 하면 공장 노동자들이 그들 스스로의 권리를 찾을 수 있을까에 대해 많은 생각을 하였습니다.

공장에서 생긴 이익을 어떻게 하면 공장 주인만 갖지 않고 노동자와 나눌 수 있을까요? 물론 공장 주인은 월급을 주고 노동자를 부린다고 생각하겠죠. 하지만 공장에서 생긴 이익은 공장 주인 혼자만의 것이 아니랍니다.

벤담은 노동자에게도 같은 이익이 돌아가게 하기 위해서는 먼저 법을 바꾸어야 한다고 주장하였고, 노동자도 귀족이나 부자처럼 행복하게 살 권리가 있다고 강변하였습니다.

"어떻게 하면 영국의 가장 많은 사람들이 가장 행복할 수 있을까요?"

벤담은 이 문제를 놓고 고민하다가 사람이 행복하기 위해서 갖추어야 할 조건에 대해 이야기했고, 그 조건을 계산하여 행복 지수도 만들었답니다.

이러한 벤담의 노력으로 영국의 산업혁명은 성공적으로 끝났습니다. 그리고 노동자들과 공장 주인 모두 행복할 수 있는 방법을 찾았고요.

또, 제임스 밀은 나라가 해야 할 일에 대해서 주장했답니다.

그는 사람의 행복은 두 가지로 나눌 수 있다고 말합니다.

첫째, 사람은 자기 스스로의 노력을 통해서 행복을 얻을 수 있습니다.

둘째, 사람은 다른 사람이 주는 행동의 영향에 따라 자신의 행복이 달라질 수 있습니다.

한 나라의 정치가들은 첫 번째 행복에 영향력을 발휘해도 될까요, 안 될까요? 제임스 밀은 어떤 정부도 자기 스스로 노력해서 얻은 행복을 방해해서는 안 된다고 주장합니다. 사람은 스스로의 노력에 의해 행복해질 수도 있고 불행해질 수도 있습니다. 그러나 정부나 다른 사람이 스스로 노력해서 얻은 행복을 빼앗을 자격은 없겠죠. 오히려 정부는 개인이 스스로 노력해서 얻은 행복이 더 좋은 행복이 될 수 있도록 도와주어야 합니다.

이 모든 것이 공리주의적 생각이 가져다준 결과입니다. 바로 이런 결과에 대해 제임스 밀은 아주 만족해했답니다. 그래서 자신의 아들 존 스튜어트 밀을 벤담의 뒤를 잇는 공리주의자로 키우기로 결심하였습니다.

자유가 무엇일까요?

 나는 지금까지 자신의 욕망을 채우려고 힘쓰기보다, 오히려 그것을 제한
함으로써 행복을 찾는 것을 배웠다.

                                                            —존 스튜어트 밀

1 래인에게서 온 답장

세상에, 이건 기적이에요!

조를 나누고 각자 생각한 자유, 그리고 밀의 자유에 대해 알아오기로 하고 집으로 돌아왔는데 글쎄, 우체통에 우편물이 가득 있지 않겠어요? 대수롭지 않게 살펴보았죠. 근데 여러 가지 고지서, 광고 전단지, 카드 명세서 등 언제나 똑같은 활자로 찍혀진 글자 속에 정성스럽게 손으로 쓴 편지가 한 통 있는 거예요. 받는 사람 란에는 바로 내 이름인 김가을이 써 있고, 보내는 사람으로는 글쎄 래인의 이름이 적혀 있는 거 있죠?

맞아요! 래인으로부터 답장이 온 거예요. 래인이 내 편지를 읽어 주는 상상만으로도 기쁜데, 이렇게 답장까지 오다니! 정말 꿈만 같아요. 혹시 이게 꿈은 아니겠죠?

아야야야! 볼을 꼬집어 보니 아프네요. 꿈이 아니에요. 내게 기적이 일어난 거예요.

나는 서둘러 편지를 뜯어보았어요. 봉투가 찢어지지 않도록 조심하면서 말이죠. 래인의 글씨는 아주 정성스럽고 씩씩해 보였답니다.

꼬마 숙녀 가을이에게

안녕? 이름이 참 예쁜 가을이는 얼굴도 예쁠 것 같군요. 가을처럼 풍성하고 넉넉한 마음을 가졌을 것 같기도 하고요. 참, 노을이라는 동생이 있다고 했나요? 정말 부러워요. 난 형제 없이 혼자거든요. 그래서인지 동생이나 형, 누나가 있는 친구들이 제일 부럽게 느껴져요. 물론 가끔은 싸우기도 하겠지만, 그래도 더 자라면 서로 의지가 되는 게 바로 형제자매이고 가족이 아닐까 싶어요.

난 어려서부터 꿈이 가수였어요. 가수의 꿈을 이루기 위해 많은 걸 포기하기도 했지만, 꿈을 위해서라면 그 정도는 다 참아 내야 한다고 생각했어요. 그래서 가수가 되기까지 모든 자유를 포기하고 노래와 춤 연습에만 매달렸어요. 그 결과 이렇게 가수가 되어 내 꿈을 이루었고, 노래를 부르고 춤을 추는 일은 내가 그동안 포기했던 자유보다 더 큰 자유를 주었지요. 가수가 된 나는 내가 좋아하고 원하는 것들을 자유롭게 할 수 있게 됐으니까요.

그런데 군대에 와서 나의 꿈과 자유를 잠시 접어 두어야만 하는 상황이 되었어요. 가을이도 동생 때문에 자유를 빼앗겼다고 하니, 어쩌면 나와 같은 입장일 수도 있겠네요. 우리가 스스로 선택하지 않은 생활 때문에 겪게 되는 자유의 억압.

가을이의 편지를 받고, 나도 그 문제에 대해 진지하게 생각해 봤어요. 힘들게 얻은 나의 꿈과 자유를 누릴 수 없는 현실에 대해서 말이에요. 조금 슬펐지요. 꿈을 이루기 위해 모든 자유의 억압을 당연히 참아야 한다고 생각했던 시절이 떠올랐거든요. 지금 군대에 와 있는 현실에 대해서도 생각해 보았지만, 무엇인가 좋은 생각이 떠오를 듯하다가 또 아무 생각도 나지 않았어요. 그래서 군대에 와서 처음엔 몹시 우울했어요.

그렇지만 일단은 내게 주어진 생활에 최선을 다하는 것으로 답을 찾아보려고 해요. 이런 나에게 앞으로 가을이의 편지가 많은 도움이 될 것 같아요. 또 편지해 줄 거지요?

오늘은 유격 훈련이라는 것을 했어요. 평소엔 놀이 기구 타는 것조차 겁을 내던 나였는데, 외줄에 매달려 높은 곳에서 내려오는 것도 거뜬히 해내는 내 모습에 나도 모르게 뿌듯한 마음이 생겼어요. 아직은 잘 모르겠지만, 이곳에서 또 다른 의미를 찾을 수 있을 것 같아 기분이 좋아지네요.

가을이도 좋은 하루, 의미 있는 하루가 되길 바랄게요. 참! 내게 동생이 없으니 가을이가 내 동생이 되어 줄래요?

그럼 안녕!

군인이 된 래인 씀

나는 래인의 답장을 읽는 내내 입가에 미소를 지울 수 없었어요. '군인이 된 래인 씀'이라는 말이 영 어색했지만, 조금은 실감이 나는 것도 같았어요. 군인 아저씨들이 훈련을 받는 모습에서 래인의 모습이 떠오르기도 했고요. 군인이 된 래인의 모습이라……. 처음엔 잘 상상이 되지 않았는데, 제법 잘 어울릴 것도 같아요.

특히 나는 '또 편지해 줄 거지요?' 라는 대목에서 소리를 꽥 질렀어요. 래인이 나의 편지를 기다리고 있다고 생각하니 너무 신이 났거든요. 앞으로도 계속 답장을 보내 주겠다는 말처럼도 들렸고요. 게다가 나에게 동생이 되어 달라고 했잖아요? 나처럼 래인도 나를 특별하게 생각하고 있는 것이 분명해요.

어쨌든 군대에 가게 된 래인 때문에 속상했는데 지금은 오히려 그게 더 잘된 일인 것 같으니, 정말 알다가도 모를 일입니다. 그래도 기분은 최고예요!

2 언론의 자유

"자신의 꿈을 이루기 위해선 때론 포기해야 하는 자유도 있다는 걸 알게 됐어요. 그건 누가 시켜서가 아니라 스스로 그렇게 하는 것이지요. 그렇다면 자유는 단지 자기 마음대로, 하고 싶은 대로 하는 것이 아니라는 결론이 나와요. 거기까지는 알겠는데, 도대체 '자유가 무엇이다'라고 설명하기는 참 힘든 것 같아요."

자유에 대한 발표 수업 시간에, 나는 우선 내가 생각하고 궁금해하는 자유에 대해서 말했습니다. 선생님은 고개를 크게 끄덕였습니다.

"저도 자유에 대해서 생각하면서 한 가지 알게 된 사실이 있어요. 자유는 무언가의 억압으로부터 생겨나는 것 같아요. 그것이 꼭 사람이 아니더라도 말이에요. 우리나라를 예로 들면, 일제시대 땐 일본으로부터 독립하기 위해 자유를 부르짖었고, 광주민주화운동 땐 독재로부터, 그리고 노동자들은 자신들의 권리를 찾기 위해서 자유를 외치며 싸웠잖아요?"

이름이 강민주라서 그런지 민주는 올바른 소리를 잘하고, 항상 약한 자들의 편에 서서 생각해야 한다고 말하는 아이입니다. 이번에도 참 거창하게 자유에 대해서 말하고 있는데, 나는 참 어렵네요. 하지만 민주 말이 맞는 것 같아요. 자유를 위해 싸우는 사람들이 사람이나 권력, 제도의 억압을 받는다는 건 그동안 배워 온 것에 비추어 보아도 맞는 말이거든요.

"모두들 자유에 대해서 많은 생각을 한 것 같군요. 자유는 그만큼 넓고 깊은 이야기가 될 수 있어요. 모든 사람들에겐 생각할 수 있는 자유가 있습니다. 아무리 자유를 억압한다고 해도 생각까지 못하게 할 순 없을 거예요. 그런데 다른 사람의 생각을 우리가 들을 수 있다면 어떻게 될까요? 좋을까요, 아니면 나쁠까요?"

'좋을 것 같아요!', '나쁠 것 같아요!' 아이들이 소리쳤습니다.

나는 다른 사람의 생각을 들을 수 있다면 좋을 것 같습니다. 다른 사람이 어떻게 생각하고 있는지 알아야 서로 이해하고 문제를 해결할 수 있지 않을까요?

"물론 다른 사람이 나에 대해서 좋은 생각을 하고 있다면, 그 생각을 듣고 기분이 좋겠죠. 하지만 나에 대해 나쁜 생각을 갖고 있다면, 아무리 생각의 자유가 있다고 해도 그것을 직접 들었을 때 기분이 좋지는 않을 것 같아요."

선휘가 말했습니다.

"그래서 자신이 생각하는 것을 어떻게 말하느냐가 중요한 것 같아요."

민주가 말했습니다.

"그래요, 생각을 말로 나타내면 사정은 달라진답니다. 그리고 그 말을 글로 쓰면 또 달라지겠죠. 이렇게 생각을 말이나 글로 표현해 공개하는 것이 신문이나 텔레비전과 같은 매스컴, 즉 언론이죠. 말을 마음대로 할 수 있다고 생각하면 참 기분이 좋습니다. 하지만 우리는 말도 마음대로 할 수 없어요. 어떤 때는 마음에도 없는 아부를 할 때도 있고, 하지 말아야 될 말을 할 때도 있으니까요. 그래서 말을 할 때, 용기가 필요할 때가 있지요. 언론의 자유에는 이렇게 용기가 필요합니다."

"언론의 자유요?"

누군가 선생님의 말을 되물었습니다.

"그래요. 밀은 그가 쓴 책 《자유론》에서 언론의 자유에 대한 견해를 몇 가지 밝히고 있습니다. 여러분도 잘 알겠지만, 소크라테스는 고대 그리스가 신봉했던 신을 믿지 않았다는 이유와, 아테네 젊은이를 타락시켰다는 이유로 사형당했어요. 소크라테스가 국가가 믿고 있는 신을 믿었는지 안 믿었는지는 모르겠지만, 국가가 공인하는 신을 부정한다는 것은 아주 큰 죄이지요. 두 번째 소크라테스의 죄는 아테네의 젊은이들을 도덕적으로 타락시켰다는 것입니다. 이 말은, 소크라테스의 제자들이 아테네의 어른들에게 어른 대접을 잘 해 주지 않았다는 것을 뜻해요. 어른 대접을 해 주지 않았다는 것은 무슨 뜻일까요?"

"뭐, 어른들 말을 잘 안 들었거나, 공손한 말을 하지 않았거나, 인사를 잘 하지 않았다는 뜻이겠죠?"

혜림이가 말했습니다.

"그래요. 소크라테스는 그런 것은 상관하지 않고 하고 싶은 이야기를 다 했습니다. 그리고 그 제자들에게도 하고 싶은 말을 다 하라고 가르쳤어요. 아테네의 귀족들은 그런 소크라테스가 정말 밉고 싫었을 테고, 그래서 소크라테스를 사형시킨 것이죠."

"그건 너무한 것 같은데요? 어떻게 하고 싶은 말도 제대로 못하고 살 수 있나요?"

승헌이가 흥분하여 말했습니다.

"언론의 자유가 없던 시절, 소크라테스는 용기를 갖고 언론의 자유를 얻기 위해 노력했고, 제자들에게도 그것을 가르쳐 주었어요."

왜 언론의 자유를 위해서는 용기가 필요한지 이제야 알 것 같습니다.

"정말 대단한 용기인 것 같아요. 사형까지 당하면서 하고 싶은 말을 할 수 있다는 건!"

승헌이도 나와 같은 생각인가 봅니다.

"또, 지동설을 주장한 갈릴레오 갈릴레이 이야기도 예로 들었어요. 갈릴레이는 지구가 태양 주위를 돈다고 주장해서 종교재판을 받았지요. 다행히 재판 결과가 나기 바로 직전에 '지구가 태양 주위를 돌지 않는다'고 이야기해서 겨우 살아났지만, 재판을 받고 나오면서 그 유명한 말을 남겼죠."

"그, 래, 도, 지, 구, 는, 돈, 다!"

선생님의 말을 받아서 아이들이 합창하듯 말했습니다. 순간 교실이 떠나갈 듯 웃음소리가 번졌습니다.

"이 말을 모르는 사람은 아무도 없겠죠? 하지만 재판 이후에도 갈릴레오 갈릴레이는 죽을 때까지 혼자 집 안에만 갇혀 살아야 했습니다. 감옥 아닌 감옥 생활을 한 것이죠. 누구도 만날 수 없었으며, 다른 사람과 말도 하지 못했답니다."

참 안타까운 일이네요. 자신들이 옳다고 믿는 것을 말했을 뿐인데 그런 억압을 받아야 했다니. 지금 시대에는 이해가 되지 않는 이야기입니다.

"정말 소크라테스나 갈릴레이의 일화를 보면, 진리를 이야기하는 데도 큰 용기가 필요한 것 같아요."

누군가 선생님의 이야기를 정리하듯 말하자, 선생님은 조금 다르게 설명했습니다.

"언론의 자유가 없었던 시절에 진리를 이야기하는 것은 용기일지 모르지만, 오늘날처럼 언론의 자유가 주어져 있을 때 진리를 이야기하는 것은 용기가 아니겠죠. 그것은 자유입니다."

자유! 그래, 자유. 진리를 말할 수 있는 자유는 누구에게나 있는 것이죠.

"밀은 의견의 자유, 혹은 발표의 자유도 언론의 자유라고 생각하고 있었어요. 여러분, 이런 말을 들어 본 적 있나요? 모두가 '네' 해도 나 혼자만 '아니오'라고 말할 수 있는 용기! 모두가 '아니오' 할 때, 혼자 '네' 할 수 있는 용기!"

"들어 봤어요!"

몇몇 아이들이 소리치며 대답했어요.

"밀은 벌써 오래전에 이런 주장을 했답니다. '어떤 진리에 대해서 100명 중 99명의 의견이 일치한다고 그것이 진리가 될 수 있을까? 99명의 의견에 의해서 1명의 의견은 침묵될 수밖에 없지만, 그렇다고 그 1명의 의견이 진실이 아니라고 누가 말할 수 있을까?' 라고 말이죠."

"그렇지만 선생님, 그 1명의 침묵된 의견이 진실이 아닐 수도 있잖아요. 그렇다고 그 의견을 무시하고 99명의 의견만이 옳다고 할 수도 없겠지만요."

민석이가 말했습니다.

"혹시 여러분, 학급 회의 때 시간이 없다는 핑계로 학우들의 의견도 물어보지 않고 의제를 결정한 경험이 있나요?"

아이들이 여기저기서 웅성거렸습니다.

그런 적은 사실 아주 많답니다. 회의가 길어지면 청소도 늦게 하게 되고, 그러면 집에 늦게 가게 되니까, 대충 빨리 끝내자고 의견을 모아 일찍 마치곤 했거든요.

"아마도 많이 있을 거예요. 밀은 자유 토론이 필요하다고 했는데, 학급 회의 같은 곳에서는 자유 발표가 되겠죠? 그것도 언론의 자유라고 할 수 있으니까요. 한 사람의 의견이 진리인지 아닌지는 모든 사람이 함께 토론을 해 봐야 알 수 있는 것이죠. 다수의 의견이 모인다고 꼭 진리가 될 수 있는 것은 아니니까요. 그래서 밀은 한 사람의 의견이라도 놓치지 않기 위해 자유 토론을 해야 한다고 주장했어요. 그리고 그 자유 토론이 바로 언론의 자유의 기틀이라고 했고요. 그런데 자유 발표를 할 때 주위 분위기가 살벌하면 마음대로 발표를 할 수 있을까요?"

"아니오!"

아이들이 제비처럼 입을 모아 대답했습니다.

"힘 있고, 소위 말하는 '짱'인 학생이 말하면 열심히 듣고, 그렇지 못한 학생이 발표하면 친구랑 이야기하고 웃고 떠들고 그러지 않나요?"

여기저기서 웃음이 터져 나왔습니다.

학급 회의를 자유롭게 하라고 선생님은 학급 회의 시간에 참여하지 않기 때문에, 우리는 선생님 없이 우리끼리 학급 회의를 합니다. 그런데 선생님은 어떻게 학급 회의 분위기를 저렇게 잘 아실까요? 누군가 고자질을 했을까요? 아니면, 몰래 카메라라도 있는 걸까요? 정말 선생님은 대단한 것 같아요.

"밀은 자유로운 의견 발표는 부드럽고 온화한 분위기 가운데서

이루어져야 한다고 했어요. 그리고 발표하는 모든 사람들에게 똑같이 공평한 조건이 주어져야 한다고도 했지요. 저도 그것에 동감이에요. 여러분의 학급 회의 분위기가 그렇기를 바랍니다."

갑자기 아이들이 조용해집니다. 아마도 마음속으로 반성을 하고 있겠지요? 사실 나부터 반성을 해야 해요. 나도 학급 회의 시간엔 수업 시간이 아니라는 생각에 떠들고 산만했거든요.

3 행동의 자유

"여러분은 하고 싶은 말이나 행동을 다 하면서 사나요?"

세상에 그런 사람이 있을까요? 노을이 때문에 귀찮다고 내가 엄마한테 노을이가 차라리 없었으면 좋겠어요, 라고 말한다면? 말도 안 되죠? 아마 엄마는 큰 충격을 받으실 거예요. 노을이가 태어나서 얼마나 기뻐하셨는데, 그리고 우리 가족이 더 화목해졌다고 믿으시는데, 내가 그런 말을 한다면……, 으악! 그 다음은 상상이 안 되네요.

생각은 생각일 뿐, 말로 꺼내지 말아야 할 것이 있기 마련이지요. 슬기한테도 마찬가지예요. 내가 먼저 슬기에게 말을 걸고 화해를 해도 될 일인데, 그게 행동으로 잘 옮겨지지 않거든요. 자기가 하고 싶은 말이나 행동을 다 하는 사람은 아마도 세상에 없을 거예요.

"대통령이면 모를까, 누가 하고 싶은 말을 모두 하며 살 수 있겠어요?"

영수가 말했습니다.

"대통령도 하고 싶은 말은 다 못하고 살걸? 그러니 대통령이 말한번 잘못 했다가 탄핵 소추까지 당하고 그러지."

지연이가 영수의 말에 끼어들었어요.

"그래요. 대통령도, 국회의원도 하고 싶은 말이나 행동을 다 못하고 살 거예요. 그럼 자유로운 행동은 어디에서 나올까요?"

선생님의 질문에, 밀에 대해 조사한 1조의 은진이가 대답했습니다.

"밀은 사람의 자유로운 행동은 언론의 자유에서 나온다고 했습니다. 결국 생각하고 있는 말을 자유롭게 할 수 있으면, 행동도 자유로워진다는 뜻이겠지요."

"맞아요. 예를 들어 가람이는 같은 반 친구 우백이를 좋아해요. 그리고 지은이에게 이 사실을 말했어요. 그래서 가람인 지은이와 함께 우백이를 만나면 아주 자연스럽게 행동하지만, 다른 친구와 함께 우백이를 만나면 왠지 이상하게 행동한답니다. 이 말이 무슨 뜻인지 여러분도 잘 알고 있죠?"

선생님의 얘기가 끝나자 아이들은 일제히 창가 쪽을 바라봅니다. 지훈이와 영은이의 얼굴이 빨개집니다. 지훈이와 영은이는 얼마 전 서로 좋아한다고 고백한 공식 커플입니다. 그리고 두 사람은 자연스럽게 짝꿍을 하게 됐고, 다른 친구들 앞에서도 서로에게 잘 대해 주어 친구들의 부러움을 사고 있지요. 지훈이와 영은이가 서로 좋아한다고 말하기 전에는 아주 서먹하게 대했는데 말이죠. 그래서 친구들은 두 사람을 닭살 커플이라고 합니다.

"그러나 행동과 언론의 자유가 있다고 해서 아무렇게나 행동하고 말해도 될까요?"

"당근 안 되죠!"

장난꾸러기 민기가 책상을 탁 치며 말하자, 아이들이 민기를 보며 웃습니다.

"앞에서 이야기한 것처럼 100명 중 1명의 의견이 진리일 수도 있습니다. 그런데 99명이 그 1명에게 이야기를 못하게 합니다. 그럼 여러분은 어떻게 할래요? 그냥 그 사람이 말하지 않게 가만두어야 할까요, 아니면 얘기를 하게 해야 할까요?"

"당연히 얘기를 시켜야겠죠."

선생님의 질문이 끝나기 무섭게 은진이가 대답합니다.

"그런데 그 1명이 나머지 99명의 비밀을 이야기하려고 합니다. 그래도 그 사람에게 이야기하게 해야 할까요?"

아이들은 잠시 어리둥절해합니다.

"대답하기 곤란하지요? 1명이 99명의 비밀을 알고 있다고 해서 그것을 말한다면, 나머지 사람들이 그 사람을 가만두지 않을 테니까요. 99명의 비밀을 이야기하려면 그 1명은 대단한 용기가 필요할 것입니다. 그래서 밀은 행동과 언론의 자유에는 책임과 위험이 함께한다고 했답니다."

아이들은 일제히 고개를 끄덕였습니다.

"이 말은 사람들이 어떤 말이나 행동을 했을 때, 상대방으로부터 어떤 물리적 테러나 도덕적인 공격을 받을 수 있다는 것을 전제로 해야 한다는 뜻입니다. 100명 중 1명이 99명의 비밀을 이야기하기 전에, 나중에 자신이 받을 고통도 생각하고 말을 해야 한다는 뜻이겠지요. 밀은 사람이란 항상 잘못을 저지른다고 믿었고, 불완전한 존재라고 생각했죠. 그래서 사람은 말이나 행동으로 다른 사람에게 폐를 끼친다고 보았어요. 하지만 사람은 최대한 다른 사람에게 피해를 주지 않으려고 노력합니다. 이것이 바로 밀이 이야기하는 행동의 자유랍니다. 언론의 자유가 있다고 사람이 하고 싶은 말을 다 하고 살 수는 없습니다. 그렇다고 꼭 해야 할 말을 참고 있을 수도 없죠. 비밀을 갖고 있으면 그만큼 행동이 자유롭지 못하니까요."

나도 새로운 비밀이 생겼는데, 아이들의 질투를 받을까 봐 말하지 못하는 것이 있습니다. 그건 바로, 래인으로부터 편지를 받았다는 사실! 이것만은 절대 말할 수 없어요. 왜냐하면, 그 사실을 알게 되면 다른 아이들도 나처럼 래인에게 편지를 보낼 테고, 그러면 래인이 그 아이들에게도 답장을 써 줄지도 모르잖아요. 나만의 래인이 다른 아이들에게 편지를 써 주는 것이 싫기도 하지만, 나에게 다시 답장을 보내 주지 않을까 봐 염려도 된답니다.

절, 대, 로! 말할 수 없어요. 래인에게 편지를 받았다는 사실은 절대 비밀이에요. 그런데 이렇게 기분 좋은 비밀을 누군가에게는 자랑하고 싶은데……. 슬기라면 내 비밀을 듣고 아주 잘된 일이라며 함께 좋아해 줄지도 모르지만, 지금은 슬기한테 말할 상황이 아니잖아요. 아, 그래서 또 이 비밀이 나를 좀 괴롭히는군요.

"여러분도 자유롭고 싶죠? 여러분이 갖고 있는 비밀 모두를 털어놓고 싶죠? 그러면 여러분도 자유로울 것 같죠?"

어? 선생님이 또 내 마음을 읽으시네요?

"하지만 그렇지 않을 수도 있답니다. 말하지 못하는 비밀이 있는 법이니까요. 얼마나 답답하면 갈대밭에 가서 '임금님 귀는 당나귀 귀'라고 말했겠어요. 역시 남의 비밀을 안다는 것은 무서운 일이랍니다."

4 사회적 자유

"선생님의 조카 준하는 청주에 살고 있어요. 준하는 청주 시민이기 때문에 청주에 있는 중학교에 돈을 내지 않고 다녀요. 물론 준하 아빠는 열심히 세금을 내고 있답니다. 준하가 청주에 살면서 청주시와 어떤 계약을 맺은 것은 아니죠. 하지만 그럼으로 해서 청주시는 준하에게 어떤 의무를 요구하고 있답니다."

"어? 우리는 우리가 사는 시에 아무런 의무도 가지고 있지 않은데. 학생이 무슨 돈이 있어서 세금을 내고 일을 하겠어요?"

민기가 이해하기 어렵다는 듯 고개를 저었습니다.

"아니에요. 여러분은 아주 많은 의무 사항을 실천하고 있답니다. 예를 들면 교통신호를 지키는 것, 쓰레기를 아무 데나 버리지 않는 것, 주운 물건을 주인에게 찾아 주는 것과 같은 것들이 여러분의 의무 사항입니다. 사람은 사회적인 동물이라고 합니다. 사람은 사회 속에서 살 수밖에 없죠. 사회 속에서 사는 사람은 사회로부터 보호를 받고 삽니다. 사회로부터 보호받기 위해서 사람들은 사회에 대한 의무를 다해야 합니다. 이러한 의무 중에는 법을 지키는 것도 있답니다. 이렇게 법을 지키는 것을 밀은 사회적인 자유라고 했어요."

"휴……."

어디선가 한숨 소리가 나왔어요.

"호호호, 조금 어렵죠? 그럼, 쉬운 예를 하나 들어 볼까요?"

"예!"

한숨 소리가 났던 곳에서 우렁찬 대답이 들리자, 아이들은 또 까르르 웃어 댑니다.

"준하는 학교 갈 때 빨리 가기를 원합니다. 그런데 횡단보도에서

차가 계속 달리고 있다면 어떨까요?"

"짜증 나요."

지연이가 대답했습니다.

"그래요. 그렇지만 기다려야 합니다. 잘못하면 사고가 날 수도 있으니까요. 그런데 횡단보도에 교통신호가 있으면 어떻게 될까요? 교통신호라는 법에 따라 차가 기다리기도 하고 사람이 기다리기도 하겠죠. 이와 마찬가지로, 누구나 빨리 가고 싶어 합니다. 사람도 빨리 가고 싶어 하고, 차도 빨리 달리고 싶어 합니다. 그러나 횡단보도로 사람이 계속 가면 차가 지나갈 수 없고, 반대로 차도로 차만 계속 지나가면 사람이 지나갈 수 없겠죠. 그래서 사회에서는 그런 곳에 신호등을 설치합니다. 이렇게 서로서로 조금씩 양보함으로써 모두가 행복할 수 있는 거죠. 이것이 바로 '공공의 행복'이랍니다. 이렇게 하는 것이 모든 사람이 나쁜 것으로부터 보호받을 수 있는 거라고, 밀은 믿었습니다. 그래서 밀은 공리주의자답게 '공공의 행복'을 위해 법이 필요하다고 주장하였답니다. 물론 밀이 말하는 법이란 질서와 같은 것이겠지요. 결국 질서를 지키는 것이 법으로부터 개인의 권리를 보호받는 것이고요. 그래서 질서를 어기는 사람도 법을 어기는 사람처럼 처벌을 받아야 합니다. 자신의 행복만 생각하고 다른 사람의 행복을 파괴한다면, 사회는 그 사람에게 의무를 다하지 않았다고 생각해서 벌을 주는 것이죠."

"그래서 학교에도 마찬가지로 교칙이 있고, 그 교칙을 어기면 벌을 받는 거군요."

지훈이가 말하자 옆에 있던 영은이가 고개를 끄덕입니다. 역시 천생연분이에요.

"그래요, 학교도 하나의 사회로 보기 때문이랍니다."

밀의 사회철학

　밀의 사회철학은 제1차 세계대전까지 유럽 자유주의자들의 생각을 대신하고 있을 정도로 아주 중요한 철학입니다.
　한 나라의 정치제도는 어떻게 만들어질까요?
　밀은 사람들의 일반적인 생각이나 심리 상태로 정치제도가 만들어지는 건 아니라고 말합니다. 한 사회의 문화 수준과 역사적으로 발달한 관습, 사람의 습관이 한 나라의 정치제도를 만드는 중요한 원인이라고 생각했고, 밀의 이러한 생각이 사회철학의 중요한 문제가 되었습니다.
　무엇보다 밀은 사회철학을 위해서 개인의 의견, 개인의 자유, 그리고 행동의 자유를 중요하게 생각했습니다. 한 사람이 약간의 상식이나 경험을 갖고 있다면, 그 사람은 자신이 원하는 최고의 삶을 살 수 있다고 믿었습니다. 왜냐하면 한 사람의 상식이나 경험이 가장 좋은 것이 아니라, 그것을 바탕으로 그 사람은 자신이 살고 있는 사회에서 최고의 삶을 살 수 있기 때문입니다.

그 다음으로 밀은 사회에서 공개적인 토론을 하지 못하는 것을 가장 큰 악으로 보았습니다. 왜 사람들은 토론을 하지 않을까요? 그렇습니다. 그런 사람들은 자신의 주장이 가장 옳다고 생각하기 때문입니다. 뿐만 아니라, 자신은 절대로 잘못을 저지르지 않는다고도 생각합니다. 또, 다른 사람이 토론하고자 하는 주제까지도 막으려고 합니다. 하지만 토론이야말로 의사 결정을 위해 꼭 필요한 치료제라고 밀은 생각했습니다. 그래서 남의 토론을 막거나 억제하는 사람은 또 다른 악을 저지른다고 보았던 것입니다.

우리 사회의 관습이나 습관에는 교훈이나 속담, 혹은 격언과 같은 것들이 있습니다. 사람들은 이러한 교훈, 속담, 격언을 잘 받아들일까요, 아니면 잘 받아들이지 않을까요? 혹은 때에 따라서 받아들이기도 하고 아니기도 할까요?

밀은 항상 사람들이 교훈, 속담, 격언을 잘 받아들이지 않는다고 생각했습니다. 이런 교훈 같은 것도 잘 받아들이지 않는 사람들이 과연 다른 사람의 말을 받아들일 수 있을까요? 특히 자신을 반대하는 사람의 생각이나 말을 잘 들을까요? 아니겠죠?

밀은 개인적인 경험이나 상식을 통해서 볼 때, 사람들은 남의 말에 귀 기울이지 않는다고 생각했습니다. 그렇다면 사회나 개인에게 지식이나 지성을 가지게 하려면 어떻게 해야 할까요? 사회적으로 어떤

제도를 만들거나 검열 기관을 두면 될까요?

밀은 절대로 그런 것으로는 사회나 개인에게 지식이나 지성을 줄 수 없다고 생각했습니다. 그러면 어떻게 하면 될까요? 이때 바로 토론의 자유가 필요하다고 밀은 주장하고 있습니다.

밀은 사회를 위해서 토론의 자유를 중심으로 개인의 자유와 행동의 자유를 줄 것을 주장합니다. 하지만 행동의 자유는 개인의 자유만큼 주면 안 된다고 생각했습니다. 즉, 완전한 행동의 자유는 안 된다는 말이죠. 물론 여기서 말하는 완전한 행동이란 남에게 피해를 주지 않는 걸 뜻합니다.

남에게 피해를 주지 않는다는 것은 정부도 지켜야 할 내용입니다. 그렇게 된다면 정부는 개인보다 자유를 조금 덜 갖게 되겠죠. 이런 사회야말로 정부를 위해서 다행한 사회입니다. 때문에 정부는 법, 경찰, 법관을 동원해서라도 이런 정부가 되도록 노력해야 한다고 밀은 주장하였답니다.

이러한 생각이 밀의 사회철학에 관한 견해입니다.

자유가 아니면 죽음을 달라!

 만족한 돼지가 되느니 차라리 불만족한 인간이 되는 편이 더 낫고, 만족한 바보가 되느니 불만족한 소크라테스와 같은 사람이 되는 게 더 낫다.

—존 스튜어트 밀

1 동생 가을이에게

안녕? 가을이가 기꺼이 내 동생이 되어 준다니 너무나 기쁘다. 이제 가을이가 내 동생이니 말을 놓아도 되겠지? 그런데 사실, 나는 안녕하지 못해. 가을이가 이제 내 동생처럼 편하게 느껴져서 그런지, 이곳에서는 용납되지 않는 투정도 부리는구나.

어제는 단체 기합을 받아서 몸이 무척 힘들단다. 무릎엔 멍이 들고 팔꿈치엔 피딱지가 앉았어. 내가 무슨 잘못을 했냐고? 그럴 리가. 난 군대에 잘 적응하고 있어.

사실은 휴가를 받은 장병이 부대 복귀 시간을 어겼어. 그날은 일요일이라 별다른 일이 없는 휴식 시간이었지. 우리는 텔레비전을 보거나 장기를 두면서 시간을 보내고 있었는데, 장병이 돌아와야 할 시간보다 한 시간이나 훨씬 지나서 돌아온 거야.

군대엔 엄격한 규칙이 있어. 아무리 사소한 것이라도 그것을 지키는 것이 우리의 의무라고 할 수 있지. 군대 생활을 잘하기 위한 규칙이니 조금은 불편하고 귀찮더라도 지키는 것이 모두의 생활을 편하게 해 주는 거야. 그런데 늦게 복귀한 장병은 자신의 잘못을 잘 모르고 있었어. 어차피 휴식 시간이고 차가 밀려서 늦게 돌아올 수밖에 없었다고, 자신이 늦게 복귀한 사실을 말했어. 만약 훈련이 있다거나 교육이 있었다면 빨리 돌아오려고 노력했겠지만, 어차피 휴식 시간이니 조금 늦어도 상관없다고 생각한 거지.

소대장은 우리 내무반 병사가 모두 모인 자리에서 그 병사에게 잘못하지 않았느냐는 질문만 퍼부었어. 우리는 모두 긴장했지. 그 병사는 늦은 건 잘못했지만, 그럴 수도 있지 않느냐고 오히려 말대꾸를 했어. 어차피 휴식 시간은 자유로운 것이니 그 시간을 자유롭게 썼다고 생각하면 되지 않느냐고 말이야.

내가 생각해도 큰 문제는 없는 것 같았어. 물론 규칙을 지키지 않은 것은 잘못됐지만, 그것으로 누군가 손해를 보거나 부대에 문제를 일으킨 것은 아니니까. 그리고 그 정도의 자유는 허락되어야 하지 않을까 생각했지.

그런데 문제는 그다음이었어. 소대장은 휴가를 갔다가 늦게 귀가한 병사뿐 아니라 우리 내무반 병사 모두를 연병장으로 집합시키곤 다짜고짜 기합을 주었어. 병사들은 어리둥절했지. 왜 우리가 기합을 받아야 하는지 말이야. 하지만 소대장의 명령이 어찌나 무서운지, 우리는 아무 말 하지 못하고 기합을 받을 수밖에 없었어. 몇몇 병사들의 입에서 작게 불만이 터져 나올 때마다 기합은 더 세졌지. 힘이 들어 견딜 수 없게 되자 불만의 목소리조차 낼 수 없었어. 우리가 기합을 받는 건 늦게 복귀한 병사 때문이란 사실만 어렴풋이 느낄 뿐이었지.

기합이 끝나고 내무반으로 돌아왔을 때, 그 병사는 무척 미안해했어. 자신 때문에 다른 병사들이 기합을 받게 됐으니까. 그런데 기합을 받을 때와는 달리 어떤 병사도 그 병사에게 꾸지람을 하거나 불만을 늘어놓는 사람이 없었어. 그 병사는 더욱 미안해했지. 그리고 자신이 알아서 내무반의 사소한 일들을 했어. 그렇게 그날의 기합은 끝났지.

다음 날 저녁 휴식 시간에 우리에게 기합을 주었던 소대장이 과자와 음료수 등, 간식을 사 가지고 왔어. 우리는 조금 주눅이 들었지만 입 안에서 달콤하게 녹는 과자와 음료수에 곧 마음이 풀렸지. 소대장은 어제의 기합에 대해 말했어. 물론 늦게 복귀한 병사 때문에 부대에 큰 문제가 생긴 것은 아니지만, 군대도 하나의 사회이므로 개인의 자유를 주장하기 위해선 최소한 사회가 요구하는 의무를 지킬 필요가 있다고 했지. 무엇보다 단체 생활이 중요한 군대에서는 개인의 행동이 전체의 기강을 흔들어 놓을 수 있으므로, 아무리 사소한 거라도 그 규칙에 따라 행동해야 한다고. 그래야 다른 많은 병사들이 불편을 겪지 않고 생활하며, 개인의 생활이 아니라 국방을 책임지기 위해 모인 병사들이 그 의무를 다하여 결국 내 가족, 친구, 모든 국민이 안전하고 평화롭게 살 수 있다고 말이야. 단체 생활이니 한 개인에게 책임을 떠넘기지 말고 우리 모두의 잘못으로 여겨 함께 그 고통을 느끼자는 생각에서 단체 기합을 준 거라고 하더라고.

그 말을 듣고 우리는 고개를 끄덕였어. 그리고 피곤한 몸과는 달리

뭔가 뿌듯함을 느꼈지. 나는 단지 나 한 사람이 아니라 우리 병사들 모두이며, 가족이고 친구, 그리고 이 나라 국민이라는 사실에 가슴이 벅찼거든. 그래서 우리는 어제의 기합을 잊어버리고 맛있게 간식을 먹었어.

간식을 먹은 후엔 축 처진 병사들을 위해 내가 노래를 불렀어. 처음엔 가수가 고작 몇몇 병사들 앞에서 노래를 한다는 것이 자존심

상했는데, 지금은 그렇지 않아. 점심시간이나 훈련 중의 쉬는 시간이면 장병들 앞에서 노래를 부르곤 해. 먼지를 잔뜩 뒤집어쓰고 땀이 줄줄 나는 장병들의 피곤한 얼굴에 곧 웃음꽃이 피는 걸 보면서 난 보람을 느끼지. 화려한 의상을 입고 많은 사람들 앞에서 노래를 부르는 건 아니지만, 여전히 나는 노래를 부르고 있어. 가을이도 나를 군인뿐만 아니라 가수로 계속 기억해 줄 거지?

군대 이야기 재미없지? 뭐, 더 즐거운 이야기가 없나 고민해 보고 다음에 다시 편지할게. 친구의 잘못으로 가을이가 혹시 상처를 입었더라도, 먼저 용서하고 안아 줄 수 있었으면 좋겠어. 안녕!

충성! 군인이자 영원한 가수 래인이

나는 얼굴을 찡그렸다 웃었다 하며 편지를 읽었습니다. 편지를 읽고 나니 조금 속상한 기분이 들었어요. 군대 규칙을 어겨 괜한 기합을 받은 래인이 안타까웠습니다. 늦게 복귀한 병사가 미워진 건 당연하고요. 자신의 자유를 주장하면서 다른 사람들에게 피해를 주는 건 정말 옳지 못한 것 같아요. 물론 그 병사 입장에서는 자유라고 주장할 수 있지만, 전체를 생각하면 그건 자유가 아니라 옳지 못한 행동일 뿐이잖아요.

　그러고 보니 정말 자유는 참 복잡하고 어려운 것 같아요. 그래서 밀이 '공공의 행복'이라는 말을 한 걸까요? 대체 '공공의 행복'이란 어떤 의미일까요? 생각하면 할수록 엉킨 실타래처럼 복잡해요.

　어쨌든 국방의 의무 때문에 개인의 자유가 억압되고 있는 건 사실인 것 같아요. 그런 의무가 없었다면 래인이 힘든 훈련을 받을 필요도, 기합을 받을 필요도 없었을 거 아니에요. 전 아무리 생각해도 의무적으로 군대에 가는 것이 잘못되었다고 생각해요. 개인의 자유를 억압하면서까지 꼭 군대에 가야만 하는 걸까요? 조금 늦게 군대에 복귀한 병사나, 그것 때문에 아무 잘못 없이 기합을 받아야 했던 다른 병사들이나 모두 억울할 것 같아요.

　그나저나 래인의 편지 마지막 구절이 또 마음을 무겁게 하네요. 친구의 잘못으로 상처를 입었더라도 그 친구를 용서하고 안아 주라고 한 말……. 갑자기 슬기가 떠올랐어요. 슬기에게 내가 먼저 사과하고 말을 건네야 하는 걸까요?

2 노예제도를 반대한 밀

"여러분, '자유' 하면 떠오르는 말이 뭐가 있어요?"

"나에게 자유가 아니면 죽음을 달라!"

승재는 마치 연극배우처럼 말했습니다. 아버지가 뮤지컬 배우라더니, 아마도 그 영향을 많이 받았나 봅니다.

"오오!"

아이들이 환호했습니다.

"혹시 누가 한 말인지도 알고 있나요?"

승재는 고개를 갸우뚱합니다. 사실 나도 그 말은 잘 알고 있지만, 누가 한 말인지, 왜 그런 말을 하게 된 건지는 잘 모릅니다.

"미국의 유명한 정치가 패트릭 헨리가 한 말이에요."

아이들이 고개를 끄덕였습니다. '미국' 하니까 또 자유의 여신상이 떠오르네요.

"미국은 영국으로부터 독립하기 전까진 영국의 한 주에 불과했답니다."

"그럼 지금 세계 제1의 강대국인 미국이 예전엔 영국의 식민지였다는 말씀이세요?"

선예는 믿기지 않는다는 듯 물었습니다.

"그래요. 왕권을 강화하려던 영국은 많은 돈이 필요했지요. 그래서 식민지에 주던 돈을 주지 않았고, 식민지에서 전쟁을 할 때는 거기에서 모든 전쟁 비용을 부담하라는 법을 만들었어요. 그리고 영국 상품에 많은 세금을 부과하여 비싸게 식민지에 팔기도 했지요."

"저는 우리나라만 일본의 식민지였는지 알았어요. 지금 그렇게 힘이 세고 큰 나라인 미국이 여러 유럽 국가의 식민지였다니, 정말 놀라워요. 근데 어떻게 지금은 그렇게 강대국이 되었을까?"

"그것도 모르냐? 그건 바로 식민지 본국으로부터 자유를 찾아서 그런 거지. 지금 우리가 자유, 자유 하면서 토론하는 것이 바로 그것 때문 아니겠어? 잘 모르면 눈치라도 빨라야지. 쯧쯧."

언제나 단짝처럼 붙어 다니면서도 티격태격하는 영훈과 재열이 말했습니다.

"1775년 3월 식민지협의회가 처음으로 열렸는데, 패트릭 헨리는 바로 이 식민지협의회에서 '나에게 자유가 아니면 죽음을 달라!' 라는 유명한 연설을 한 거예요."

선생님은 영훈과 재열이 왁자지껄하는 틈에 설명을 계속하셨습니다.

"아!"

여기저기서 이제 알았다는 듯 탄성을 질렀습니다.

"헨리는 이 연설을 통해서 미국은 힘을 모아 영국에 대항할 것과 미국을 지키기 위한 군인을 양성할 것을 주장하였습니다."

"거봐! 군대가 필요하다니까."

누군가 소리쳤습니다. 아마도 래인의 군대 문제로 떠들썩했던 며칠 전의 일을 떠올려서 말한 것 같습니다.

"식민지협의회에서는 이 패트릭 헨리의 연설에 힘입어 영국과 전쟁할 것을 결정했답니다. 그리고 조지 워싱턴을 총사령관으로 뽑아 1776년 7월 4일 식민지 대표들이 모여 독립선언문을 발표하고, 영국과 싸우기 시작하였습니다. 이것이 미국 혁명, 혹은 미국의 독립 전쟁이랍니다."

"드디어 미국이 자유를 얻게 된 셈이군요."

영훈이가 말했습니다.

"자기 나라에서 자기 국민들끼리 잘살면 그만이지, 왜 식민지 같은 걸 만들어서 서로 전쟁을 하고 그럴까?"

재열이가 심각하게 말했습니다.

"단순하기는. 그게 다 자기 나라를 잘살게 하려는 욕심 때문이지 뭐. 이라크 전쟁도 미국이 이라크를 후세인의 독재와 억압으로부터 독립을 시켜 주네, 무슨 생화학 무기가 있네 하면서 벌였지만, 사실은 이라크의 오일을 탐내서 벌였다고 하잖아."

영훈이는 무슨 큰 비밀을 알려 주기라도 하듯 이라크의 오일을 탐내서, 라는 말은 속삭이며 말했습니다.

"그래, 맞아. 자신의 이익을 위해서, 혹은 모두를 위해서 하는 일이라고 해도, 결국 다른 사람들의 자유를 억압하게 되는 일이 종종 있는 것 같아요. 특히 힘없는 사람들에게!"

재열이가 맞장구를 쳤습니다.

나는 '우리 가족을 위해서 동생을 돌보거나 심부름을 하는 것은 결국 모두 너를 위한 일이니 당연한 거야' 하고 생각하시는 부모님이 떠올랐습니다. 맞아요. 내가 힘이 없다고 나를 부려먹으려는 생각, 노예 취급하려는 생각이 자유를 억압하는 일이란 것을 우리 부모님은 모르시는 것 같아요.

"선생님! 식민지도 그렇지만, 특히 노예제도가 더 그런 것 같아요. 옛날에는 같은 사람들끼리 노예를 만들어 사고팔았다고 하잖아요?"

노예? 나는 노예라는 말에 귀가 번쩍 뜨였습니다.

"그래요, 선생님도 그 얘기를 하고 싶었어요. 특히 아프리카 흑인들을 유럽 사람들은 노예로 사고팔았습니다. 미국을 식민지로 둔 유럽 사람들은 미국에서까지 아프리카 흑인들을 수입하여 노동자로 부렸지요. 이 노예제도 때문에 미국에서 생긴 역사적인 사건이 혹시 무엇인지 알고 있나요?"

"예! 남북전쟁이에요."

승재가 씩씩하게 대답했습니다.

"그렇죠, 남북전쟁이죠. 당시 미국의 북쪽 지방에는 독일, 프랑스, 스페인 사람들이, 남쪽 지방에는 영국 사람들이 살고 있었어요. 남쪽 지방의 영국 사람들은 목화 농사를 지었는데, 목화 농사에는 특히 많은 노동자가 필요했답니다. 그래서 영국 사람들은 아프리카로부터 값싼 흑인 노예들을 데려와 노동자로 부렸습니다."

"어쩜 같은 인간들끼리 마치 동물을 사고팔듯 사람을 사고팔 수 있을까요? 사람에겐 인격이라는 것이 있는데……."

선예는 얼굴을 찡그리며 말했어요.

"19세기에 들어오면서 미국에서도 인간의 권리에 대한 생각이 많이 달라졌어요. 아무리 노예라도 인간이라면 인간답게 살 권리가 있다고 생각한 거죠. 그래서 노예를 더 이상 사고팔 수 없게 법을 정했습니다. 하지만 미국의 남부 지방에서는 농사를 위해서 여전히 노예가 필요했고, 법으로 노예를 사고팔 수 없게 했음에도 불구하고 계속해서 노예를 사고팔았어요. 그런데 노예제도에 대한 생각은 미국보다 영국에서 더 시끄러웠답니다."

"영국은 귀족 국가라서 그런가요? 노예들이 시중을 들어야 하니까."

이번엔 재열이가 먼저 말했습니다.

"맞아, 영화에서 보면 대저택에서 흑인들이 앞치마를 두르고 '예, 주인님' 하면서 백인들에게 인사하는 게 나와요."

영훈이가 맞장구를 쳤어요. 그러더니 두 사람은 서로 마주 보며 웃었답니다.

"그래요. 만약 여러분이 귀족이나 부자라면 마음대로 부릴 수 있는 노예를 해방시켜 주고 직접 일을 하겠어요, 아니면 노예를 두고 편안하게 살겠어요?"

"그야, 뭐……."

당연히 편안하게 사는 걸 선택하겠지요. 그렇지만, 그게 옳지 못하다는 건 알고 있다고요. 그래서 다른 친구들도 선뜻 대답을 하지 못한 것이겠죠.

"지금은 노예제도가 없기 때문에 여러분은 한 번도 노예제도에 대해서 생각해 본 적이 없겠죠? 그러나 만약 여러분에게 노예가 있다면 참 편할 거예요. 방청소도 시키고, 심부름도 시키고, 숙제도 시키고…… 그렇게 생각하지 않아요?"

선생님이 웃으며 우리들의 눈치를 살피십니다. 대답은 안 하지만, 모두들 그렇게 생각하고 있겠지요. 나도 그런 생각을 종종 하는걸요, 뭐. 지금은 동생이 어려서 내가 노예처럼 살고 있지만, 노을이가 크면 사소한 심부름은 다 시키고 나의 노예처럼 부려먹을 거야, 하고 수없이 생각했거든요.

"1861년에 남북전쟁이 시작됐고, 이것은 5년 동안 계속되었습니다. 노예제도를 요구하는 남부 군과 노예제도를 반대하는 북부 군 사이의 전쟁은 링컨 대통령이 노예해방을 선언함으로써 북부 군의 승리로 끝났죠."

오호, 링컨 대통령? 그동안 대충 알고는 있었지만 그 역사적 배경이나 인물들이 헷갈렸는데, 선생님의 설명을 듣다 보니 조금 정리가 되었습니다. 역시 재미있는 이야기로 들으면 어려운 이야기

언제까지 이렇게 살아야 하지?

도 머릿속에 쏙쏙 들어온다니까요.

"여러분이 영국 귀족이었다면 남북전쟁에서 누가 이기기를 바랐을까요?"

"남부 군이겠죠! 영국은 노예제도를 계속 두기를 바랐으니까요."

승재가 대답했습니다.

"맞아요. 영국 사람들은 끝까지 노예의 필요성을 주장했죠. 노예가 모든 것을 대신해 줌으로써 귀족들이나 부자들은 아주 편하게 살 수 있었으니까요. 하지만 여기서, 이러한 영국의 노예제도에 반대한 사람이 있습니다."

여기저기서 밀, 밀, 하는 목소리가 들려왔습니다.

"여러분도 짐작했겠지만, 바로 밀입니다. 밀은 노예제도를 반대하기만 한 것이 아닙니다. 한 걸음 더 나아가, 만약 미국에서 노예

문제로 남북 간에 전쟁이 일어나면, 영국은 북부 군을 도와주어야
한다고 주장했습니다."

"우아!"

"정말 대단하죠? 당시 영국의 귀족 사회에서 그런 말을 한다는
것이 결코 쉽지는 않았을 텐데 말이에요. 이것만 봐도 밀이 얼마
나 자유에 대해 많은 관심을 가졌는지 잘 알 수 있어요."

"그런데 참 궁금한 것이 있어요. 영국은 식민지 국가도 아닌데,

어떻게 밀은 자유에 대해서 그렇게 깊은 관심을 가졌을까요?"

선예가 질문을 했어요.

"밀이 살던 당시 영국에는 왕이 있었지만, 왕은 정치에 참여하지 않고 국회의원들이 정치를 하였답니다. 하지만 대부분의 국회의원들은 귀족 출신이었고, 시민들이 정치에 참여하는 것은 거의 불가능했지요. 때문에 왕이 있는 나라에서는 아무리 왕이 정치에 관여하지 않는다고 해도, 백성들은 왕의 억압으로부터 자신을 보호해야만 해요."

"백성들이 어떻게 왕의 억압으로부터 자신을 보호할 수 있어요?"

선예가 다시 질문을 했지요.

"왕의 말 한마디에 사람이 죽기도 하고 살기도 합니다. 그러한 상황 속에서 왕에게 정면으로 도전한다는 것은 스스로 목숨을 버리는 것과 같은 것이지요. 그렇기 때문에 사람들은 스스로 자신을 보호해야만 합니다. 밀은 백성들이 왕으로부터 자신을 보호하는 것이 바로 자유라고 생각했습니다."

"에이, 왕으로부터 백성들이 어떻게 자신을 보호할 수 있겠어요?"

영훈은 말도 안 된다는 듯 손을 저었습니다.

"그래서 백성들은 힘을 모으기로 했답니다. 그 힘을 중심으로 왕의 권력을 제한하기로 결정한 거죠. 그럼, 이렇게 왕의 권력을 제한하면 어떻게 될까요?"

"백성들에게 더 많은 자유가 생기지 않을까요?"

민주가 안경을 올려 쓰며 말했어요.

"맞아요. 왕이 갖고 있는 권력의 제한이 곧 백성들의 자유가 되는 것이지요. 이렇듯 영국 사람들은 여러 가지 방법으로 왕의 권력을 제한하였습니다. 그리고 백성들의 자유가 많아진 만큼 왕의 권한은 줄어들었습니다. 반대로 왕의 권한이 많아지면 많아질수록 백성들의 자유는 적어지겠지요?"

아이들은 고개를 끄덕였습니다.

"그래서 밀은 '자유는 개인을 보호하는 무기'라고 했답니다."

정말 멋진 말인데요? 자유는 개인을 보호하는 무기라…….

3 노을이가 아파요

씩씩한 래인 오빠에게

처음엔 오빠가 억울하게 단체 기합을 받은 것 같아 속상했는데, 지금은 오히려 단체 생활에서의 규칙이 더 중요하다는 걸 알게 해 준 오빠에게 고마워요.

지금은 몸이 많이 나았나요? 여기저기 다친 곳 말이에요.

전 요즘 자유에 대해서 많은 생각을 해요. 처음엔 자유가 내 마음대로 하는 것이라고 생각했는데, 그게 아닌 것 같아요. '자유는 자신을 보호하는 무기'라고 영국의 철학자 밀이란 사람이 말했대요. 어? 오빠가 놀라는 모습이 보이네. 제가 제법 어려운 사실을 알아냈죠? 실은 학교에서 선생님이 말씀해 주신 거예요.

밀이란 철학자는 자유에 날개를 달아 준 사람인 것 같아요. 단순하게 그냥 자유가 아니라, 왜 자유가 필요하고 무엇이 자유인가를 잘 말해 주고 있으니까요. 하지만 전 아직도 자유가 무엇인지, 왜 중요한지는 잘 모르겠어요. 지금까지 생각하고 배운 것에 비추어 보면, 분명 중요한 의미를 담고 있는 것 같은데…….

어쨌든 밀은 생각의 자유가 곧 말의 자유가 되고 행동의 자유가 된다고 해요. 결국 자유는 사회적 자유로 그 폭이 넓어지고, 그때마다 참 복잡해지는 것 같아요. 마음대로 할 수 있는 게 자유가 아니라면 무슨 의미가 있을까 싶었는데, 개인의 자유보다 모두의 자유가 먼저라는 생각을 어렴풋이 했어요.

오늘 선생님께서 남북전쟁의 노예해방에 대해서 말씀해 주셨거든요. 그들의 자유를 위해 싸운 많은 사람들이 꼭 자기 자신의 이익을 위해서만 싸웠다고는 생각되지 않아요. 더 많은 사람들의 자유를 위한 싸움이라고 생각했어요.

아, 복잡해! 정리가 잘 안 되네요. 오늘은 여기까지만 생각할래요. 너무 많이 생각하면 생각이 자유로워지는 게 아니라 복잡해지는 것 같거든요. 히히!

오빠, 오빠가 군복을 입고 몇 명 안 되는 병사들 앞에서 춤추고 노래 부르는 모습을 떠올려 보았어요. 오빠의 그런 모습에 박수를 보내 드려요. 왜냐하면, 참 용기 있는 행동이었다는 생각이 들거든요. 명색이 유명한 가수가 그런 자리에서 노래를 부른다는 것은 부끄럽고 자존심 상하는 일일 수도 있는데, 오빠는 오히려 보람되게 생각했잖아요. 오빠의 새로운 모습이 너무 좋아요. 그건 나만이 알고 있는 오빠의 모습인 것 같아 더 뿌듯하고요.

오빠, 다음에도 재미있는 이야기 많이 들려주세요. 오늘은 꿈에서 꼭 오빠의 모습을 보았으면 좋겠어요.

오빠의 영원한 동생 가을이가

답장을 써 놓고 다시 래인 오빠의 편지를 읽고, 또 읽고……. 그러다 깜빡 잠이 들었어요. 내일 수업 시간표에 맞춰 가방을 싸 놓는 일도 잊어버리고 말이죠.

아주 달콤한 잠이었어요. 래인 오빠의 꿈이라도 꾸게 될까, 나는 자꾸 편지 속의 오빠 모습을 그리며 잠 속으로 빠져 들었죠. 그런데 자꾸만 잠을 방해하는 소리가 들려왔어요. 왁자지껄 아이들이 떠드는 소리 같기도 하고, 공사장에서 들려오는 포클레인 소리 같기고 하고……. 자세히 들어 보니 그건 아기 울음소리였어요. 막무가내로 울어 대는 아기의 울음소리는 꼭 우리 노을이 울음소리처럼 크고 우렁찼지요.

나는 귀를 틀어막으며 다시 잠을 자려고 애를 썼어요. 하지만 여전히 귀를 파고드는 아기 울음소리 때문에 결국 일어날 수밖에 없었지요. 눈을 비비고 일어나자, 꿈속에서 들었던 아기 울음소리가 더욱 크게 들리는 거 아니겠어요? 세상에! 그건 꿈속에서 들린 소리가 아니라, 바로 노을이의 울음소리였던 거예요.

나는 놀라서 얼른 거실로 나갔어요. 아빠는 노을이를 안고 있었어요. 노을이는 벌거벗고 있었는데, 얼굴과 온몸이 토마토처럼 빨갰어요. 엄마는 그런 노을이를 물수건으로 닦고 계셨지요.

"무슨 일이에요?"

나는 놀라서 입을 떡 벌렸어요.

"갑자기 노을이 열이 40도까지 올랐어. 해열제를 먹여도 소용이 없고, 물수건으로 닦아 줘도 열이 내리지 않는구나."

엄마는 울먹거리며 겨우 말씀하셨어요.

노을이는 계속해서 울어 댔어요. 아무리 아빠가 안고 얼러 주어도 소용이 없었지요. 겨우 잠드는가 싶으면 다시 울어 대고, 또 잠이 드는가 싶으면 다시 울어 댔어요.

엄마, 아빠뿐만 아니라 나도 잠을 잘 수가 없었어요. 내 방으로 돌아와 가방을 챙기고 침대에 누웠는데도 노을이의 울음소리가 끊임없이 귓속에서, 머릿속에서 들려왔거든요. 나는 속으로 자장자장, 자장자장 우리 아기 잘도 잔다, 하면서 자장가를 불러 주었습니다.

한참 동안 들리던 노을이의 울음소리가 점점 멀어지더니 곧 들리지 않았습니다. 노을이가 잠든 모양이에요. 나도 천천히 잠 속으로 빠져 들었습니다. 아주 깊이.

깜빡 잠이 들었는가 싶었는데, 벌써 창밖이 환하게 밝았습니다.

어? 지금이 몇 시지? 이러다 지각하겠다! 치, 엄마는 깨워 주지도 않고…….

나는 서둘러 욕실로 달려가 양치질을 하고 세수를 했습니다. 평소 같으면 엄마가 밥하는 소리, 아빠가 출근하시는 소리, 노을이가 놀거나 우는 소리로 시끌벅적해야 할 아침 시간인데, 오늘은 너무나 조용합니다.

"어, 엄마!"

나는 너무나 이상한 아침 분위기에 어리둥절했지요. 엄마를 불러 보았습니다. 그런데 아무런 대답이 없네요?

"아, 아빠! 노을아!"

여전히 조용한 집입니다. 나는 얼른 양치질과 세수를 마치고 나와 집안 여기저기를 둘러보았습니다. 아무도 없네요.

다들 어디로 간 거지?

그때, 전화벨이 울렸습니다.

"우리 가을이, 엄마가 깨우지 않았는데도 일찍 일어났네?"

"네, 그런데 어디 계신 거예요?"

"응, 여기 병원이야. 아빤 여기에서 출근하셨고."

"노을이가 많이 아파요?"

어젯밤 얼굴이 빨개지도록 울어 대던 노을이의 모습이 떠올랐습니다.

"응, 열이 내리지 않고 경련까지 일어나서 응급실로 달려왔어. 가을이 네가 깊이 잠들어 있어서 말도 못하고 그냥 왔단다."

아, 노을이의 울음소리가 그쳐서 잠든 줄 알았는데, 노을이와 엄마, 아빠가 응급실에 간 사이 나도 모르게 잠이 든 거였구나.

나는 미안한 마음이 들었습니다. 노을이는 밤새 아파서 울고, 그것 때문에 엄마, 아빠는 밤새 걱정하셨는데, 나 혼자만 편하게 잠을 잔 것 같아 못내 미안했습니다.

"아직 안 늦었으니까, 식탁에 엄마가 차려 놓은 밥 먹고 학교 잘 다녀와."

"노을이는요?"

"응, 노을이는 오늘 여러 가지 검사 좀 하고 링거도 맞아야 한대. 어쩌면 내일까지 입원해야 할지 모르니까, 아빠가 오실 때까지 가을이는 혼자 있어야겠다. 괜찮겠니?"

"네."

나도 모르게 목소리가 작아집니다.

"그동안 노을이 돌보느라 친구들과 어울리지도 못했으니까, 오늘은 친구들과 재미있게 놀고 가을이 보고 싶은 텔레비전도 실컷 봐. 노을이가 언니 고생했다고 자유롭게 휴가를 준 모양이야."

엄마는 아무렇지 않은 척 웃으며 말씀하셨지만, 목소리에 걱정과 피곤이 함께 섞여 있다는 걸 나는 알 수 있었어요.

시계를 보니 아직 등교할 시간이 많이 남아 있습니다. 식탁에 앉아 밥을 먹으려는데 영 내키지가 않네요. 평소엔 노을이 때문에 밥을 먹는 둥 마는 둥 했던 바쁜 등교 시간이었지만, 이렇게 혼자 있으니 시간도 너무 안 가는 것 같고 정말 할 일이 아무것도 없는 것 같네요.

나는 그냥 숟가락을 내려놓고 가방을 메고 집을 나섰습니다.

4 고장 난 신호등

이른 시간이어서 그런지 등굣길엔 등교하는 학생들이 별로 없었습니다. 교복을 입은 중·고등학생 언니 오빠들과 출근하는 아저씨들의 바쁜 걸음 사이로 나는 학교를 향해 천천히 걸었습니다.

왠지 다리에 힘이 쭉 빠지는 것 같아요. 아마도 노을이 때문이겠지요? 노을이가 많이 아픈 건 아니겠지요? 아기들은 종종 그렇게 열이 난다고 하니, 그냥 단순히 열이 나는 거겠지요? 감기 같은 것 말이에요. 무슨 큰 병이 생긴 건 아닐 거예요.

노을이만 없으면 나 혼자 부모님의 사랑과 관심을 한 몸에 받을 거라고 생각했는데, 정말로 노을이가 없다면 너무 슬플 것 같아요. 빽빽 울어 대는 노을이지만, 그래도 노을이가 까르르 웃어 주고 아장아장 걷는 모습을 보며 우리 가족이 얼마나 즐거워했는데요. 노을이가 빨리 나아서 다시 우리 가족에게 웃음을 주었으면 좋겠어요.

노을이가 없어서 시간도 여유롭고 자유로울 것 같았는데, 그렇지도 않은 것 같아요. 시간이 여유로운 것이 아니라 정말 할 일이 없어 심심하거든요. 자유요? 자유를 얻었다기보다는 오히려 노을이 걱정에 정신이 쏙 빠져 버린 것 같아요. 엄마도 걱정이에요. 노을이 때문에 한숨도 못 주무셨을 텐데, 또 얼마나 힘드실까요? 이런저런 생각을 하니 정말 마음이 무거워요. 나는 한숨을 푹 내쉬었어요.

휴, 하고 한숨을 내쉬며 걷는데 갑자기 시끄러운 소리가 들렸어요. 싸움할 때처럼 거친 소리였지요. 고개를 들어 소리 나는 쪽을 보니 차도 한가운데 두 대의 차가 붙어 있고, 아저씨 두 명이 욕을 하며 싸우고 있었어요. 차도에 세워 둔 차 때문에 오도 가도 못하는 다른 차들은 경적을 울려 대며 길게 줄을 서 있었고요. 지나가던 사람들마저 차도 쪽의 싸움을 구경하느라 모여들어 웅성거리고 있어서, 몹시 시끄럽고 복잡했어요.

나도 그 틈을 비집고 들어가 무슨 일인가 살펴보았지요. 마주 오던 두 차가 정면으로 부딪친 것 같았어요. 차가 많이 부서지지 않은 걸 보니 큰 사고가 난 건 아닌 거 같은데, 운전자들은 몹시 흥분해 있었어요. 서로 상대방의 차를 발로 차거나 손으로 치면서 욕을 하고 있었거든요.

"차도 별로 부서지지 않았는데 그냥 양보하고 가지 웬 소란이야?"

싸움을 지켜보던 한 아주머니가 말씀하셨어요.

그러게요. 차도 별로 부서지지 않았고 운전자들도 다친 것 같지 않은데, 왜들 저렇게 싸우는 걸까요?

"당신은 좌회전 차고 나는 직진 차니까 내가 우선인데, 왜 끼어드는 거야?"

흰색 차 운전자가 부딪친 은색 차의 바퀴를 발로 걸어차며 말했습니다.

"나는 안전 속도로 잘 살피면서 좌회전을 했는데, 당신이 과속으로 내달린 거 아니야!"

은색 차 운전자도 지지 않고 삿대질을 하며 말했어요.

"당신 면허를 어떻게 딴 거야? 직진이 우선이라는 거 몰라?"

두 사람은 금방이라도 몸싸움을 할 것 같았습니다.

나는 이해가 되지 않았어요. 신호등이 지시하는 대로 천천히 운전했으면 될 일인데, 왜 사고가 나서 싸우는지…….

나는 고개를 들어 신호등을 바라보았어요.

앗, 그랬구나!

신호등은 고장이 났는지 황색 불만 깜빡깜빡 거리고 있었어요. 사거리의 신호등이 고장 나 있으니 운전하는 사람들은 당연히 신호를 무시할 수밖에요. 출근 시간이라 바쁘기도 했을 테니, 분명 서로 먼저 가려고 속력을 내거나 주위를 살펴보지 않았을 거예요.

"에그, 신호등이 고장 나서 그랬구먼."

지나가던 아저씨가 쯧쯧 혀를 차며 말씀하셨어요.

"그래도 그렇지, 저렇게 다른 차들도 못 지나가게 차도 한복판에서 싸움질을 하면 되나? 다른 사람들도 생각해야지."

"그러게 말이에요. 누가 잘했네, 잘못했네 따지는 건 자기네들 사정이고, 다른 사람들이 피해를 보게 하지는 말아야지. 도대체 양심이란 게 없는 사람들이에요."

옆에 서 있던 또 다른 아저씨가 맞장구를 쳤습니다.

"그러니까 저 신호등이 문제 아니에요? 이 바쁜 출근 시간에 신호등이 고장 나 있으니 얼마나 불편해요. 좀 늦더라도 신호등 신호대로 차례차례 갔다면 이런 사고는 없었을 텐데⋯⋯. 시에서는 신호등이 고장 났으면 재빨리 고쳐 놔야지, 그것 하나도 제대로 못하나? 시민들 세금은 잘도 걷어 가면서."

누군가 불만스럽게 말했습니다.

"맞는 말입니다. 납세의무는 꼬박꼬박 지키라고 하면서, 시민들이 불편한 데엔 이렇게 늑장이니 원⋯⋯."

"그것도 그렇지만, 사람들의 도덕성이 더 문제지요. 신호등이 고장 났으면 좀 천천히 주위를 살피고 갈 일이지, 서로 먼저 가겠다고 자기 생각만 하다가 저리들 된 것 아니에요? 요즘 사람들은 도대체가 양심이고 도덕이고 없다니까!"

싸움을 지켜보던 사람들이 제각각 한마디씩 하며 웅성거렸습니다.

신호등이 고장 난 것이 원인이 되었으니 시에서 잘못한 것 같기도 하고, 또 어떻게 보면 서로 먼저 가겠다고 함부로 운전한 사람들이 잘못한 것 같기도 하고. 나는 뭐가 뭔지 잘 모르겠어요.

"조금씩만 양보하면 모두가 행복할 텐데요."

그건 그렇고, 이쯤에서 싸움을 빨리 끝내야 하지 않을까요? 길게 늘어선 차들 사이로 그 틈을 비집고 나가겠다는 차들 때문에 차도는 더 복잡해지고, 아주 엉켜 버렸습니다. 그때, 사이렌 소리를 요란하게 내며 경찰차가 왔습니다.

경찰이 오자 싸우던 두 사람은 서로 잘못이 없다는 말을 하느라 더욱 목소리가 커졌습니다. 경찰은 일단 차를 한쪽으로 빼라고 지시한 뒤 사고 경위를 조사하기 시작했고, 또 다른 경찰은 차에서 내려 수신호로 교통정리를 했습니다.

빨간 불과 파란 불의 신호등 표시는 없었지만, 길게 늘어선 차들은 경찰의 팔 동작에 따라 가고 멈추기를 차례대로 했습니다. 그러자 꽉 막혔던 차도가 곧 시원하게 뚫렸습니다. 어느새 고장 난 신호등도 고쳤는지 제대로 작동이 되었답니다.

나는 횡단보도의 파란 불을 보고 길을 건넜습니다. 싸우던 아저씨들도 경찰들과 대화를 나누더니 화해를 했는지 서로 악수를 하곤 각자 자신의 차를 타고 돌아갔습니다.

너무나 쉽게 해결이 된 것 같아요. 빨리 경찰이 왔더라면 소란이 적었을 텐데……. 때론 교통법규나 질서가 귀찮지만, 그것을 지키지 않고 마음대로 했다간 큰 피해를 입거나 남에게 큰 피해를 줄 수도 있다는 사실이 새삼스럽게 느껴지네요.

맞아요! 지난번에 선생님이 말씀하셨던 공공의 행복! 선생님 조카 이야기 말이에요. 서로 빨리 가려는 욕심, 자기 마음대로 하고 싶은 자유보다는, 서로 조금씩 양보하면서 모두가 행복해질 수 있도록 하는 것이 바로 공공의 행복이라고 하셨잖아요?

거리는 아무 일도 없었던 것처럼 여느 때와 같았습니다. 나도 평소처럼 학교를 향해 걸었습니다. 그런데 또 노을이 생각이 났습니다.

래인 오빠에게

안녕하세요? 저는 오늘 안녕하지 못한 것 같아요. 마음이 몹시 괴롭고 슬프거든요. 그래서 다시 또 오빠에게 편지를 써요. 오빠에게 편지를 쓰면서 위로를 받고 싶거든요.

어젯밤에 오빠에게 편지를 쓰고 잠든 사이, 동생이 열이 많이 나고 몹시 아파서 결국 응급실에 갔어요. 어디가 얼마나 많이 아픈 건지 걱정이 되는데, 내가 할 수 있는 일이 아무것도 없어서 더 마음이 아프고 슬픈 것 같아요.

노을이 때문에 내 모든 자유를 빼앗기고 노예처럼 살고 있다고 투정을 부렸는데, 정작 노을이가 아파서 없으니까 노을이 걱정에 오히려 마음의 감옥에 갇힌 것만 같아요. 이런 기분은 무엇일까요? 하루만이라도 노을이에게 벗어났으면, 했던 마음과 달리 노을이가 빨리 집으로 돌아와 내가 돌볼 수 있는 일이 생겼으면, 하고 바라는 마음이요. 정말 알 수가 없어요.

오빠에게 이렇게 우울하게 편지를 쓰고 싶진 않았는데, 나도 모르게 자꾸 슬퍼지네요. 미안해요. 다음엔 씩씩하게 편지할게요.

몹시 슬픈 가을이가

친구들과 놀지도 않고, 텔레비전도 보지 않고, 나는 책상에 앉아 래인 오빠에게 편지를 썼습니다. 그런데 편지도 잘 써지지가 않네요. 별로 할 말도 생각나지 않고, 편지 쓰는 일도 그리 신나지가 않습니다.

나는 괜한 이야기를 편지로 썼나 싶어서 두 번째 쓴 편지는 봉투에 넣을까 말까 한참을 고민하다, 그냥 어제 쓴 편지와 오늘 쓴 편지를 함께 봉투에 넣어 풀로 붙였습니다. 래인 오빠는 이제 정말

나의 진짜 오빠나 다름없으니, 나의 이런 슬픈 마음을 더욱 잘 헤
아려 줄 것만 같았거든요.

편지 봉투를 봉하고 나니 기분이 조금은 나아집니다.

나는 조용한 집안을 한번 휙 둘러봅니다. 지겹게 갈아 주던 기저
귀와 우유를 타 주던 젖병이 얌전히 놓여 있는 걸 보니 마음이 아
프네요. 몇 번이고 치워 놓으면 다시 어질러 놓았던 노을이의 장
난감도 오늘은 바구니 안에서 꼼짝을 하지 않아요. 노을이는 정말
괜찮은 걸까요?

그때, 초인종이 울립니다. 나는 아빠가 퇴근해 오신 줄 알고 문
을 열었습니다. 그런데 이게 웬일이에요? 문을 열자 엄마 품에서
방긋 웃는 노을이가 보이는 게 아니겠어요? 나는 한참이나 문을
가로막은 채 멍하니 서 있었어요.

"노, 노을아!"

나는 노을이를 얼싸안고 막 울었어요. 엄마는 이제 괜찮아, 하며
미소를 지으셨지요.

노을이가 열성 발작을 일으킨 것은 편도선염 때문이었대요. 편
도선이 부어서 자꾸 열이 올랐다 내렸다 했던 거고요. 목이 부어
있으니 잘 먹지도 못해서 보채느라 그렇게 울어 댔던 건데, 붓기

가 가라앉고 잘 먹으면 금방 괜찮아지는 거래요. 그래서 하루 동안 병원에서 링거를 맞히고 열을 가라앉혀 데리고 왔다고 엄마가 말씀하셨어요. 어쨌든 나는 노을이가 큰 병에 걸린 것이 아니란 사실이 기뻤고, 집으로 돌아온 것이 너무나 반가웠습니다.

내가 너무 꽉 안았는지 노을이가 얼굴을 찡그리며 버둥거렸습니다. 노을이를 바닥에 내려놓자 막 기어가기 시작했어요. 좋아하는 장난감 바구니로 가더니, 장난감을 엎어 놓고 여기저기 흩뜨려 놓았지요. 금세 거실은 장난감으로 어질러졌어요.

평소의 나였다면 말도 못 알아듣는 노을이에게 장난감을 어질러 놓았다고 소리를 꽥 질렀을 텐데, 오늘은 나도 노을이처럼 기어 다니며 노을이가 어질러 놓은 장난감을 치웠어요. 노을이를 따라 기어 다니니 나도 어린 아기가 된 것 같아 아주 재미있고 신이 났지요.

밀의 《자유론》

　1855년, 밀은 부인 해리엇과 함께 이탈리아 로마를 여행하던 중 국회의사당 계단에 앉아 많은 이야기를 나누었습니다. 그리고 이때 떠오른 생각을 중심으로 해리엇과 토론에 토의를 거쳐 한 권의 책을 발표하였는데, 이 책이 바로 유명한 밀의 《자유론》입니다.

　밀은 이 책이야말로 자신이 쓴 책 중에서 가장 생명력 있고 오랫동안 읽힐 것이라고 했습니다. 그리고 그 말은 적중했답니다. 밀의 책 중에서 가장 유명한 책이 바로 이 《자유론》이니까요.

　《자유론》은 자유의 중요성과 그 한계를 이야기한 자유주의에 관한 책입니다. 하지만 그렇다고 밀이 민주주의를 무조건 좋아한 것은 아닙니다. 민주주의가 너무 확대되면 문제가 생길 수 있다고 여겼습니다. 교육을 받지 못한 문맹자가 민주주의에서 너무 많아지면, 교육을 받은 몇몇 사람들을 다수결로 누를 수 있기 때문입니다.

　그래서 밀은 《자유론》에서 소수의 의견을 존중할 것을 강조하고 있습니다. 이 생각은 벤담이나 아버지 제임스 밀의 생각과는 많이 다릅

니다. 벤담이나 제임스 밀은 백성의 생각과 국회의원과 같은 정치가
의 생각이 같으면 '최대 다수의 최대 행복'이 이루어진다고 믿었지
만, 밀은 적은 수여도 정치가의 의견이 존중되지 않으면 '공공의 행
복'이 쉽지 않다고 보았답니다. '최대 다수의 최대 행복', 즉 '공공의
행복'은 한 사람 한 사람의 의견뿐 아니라 행동의 자유가 없다면 이
루어지지 않는다는 것이지요.

그래서 공개적인 토론과 토론의 자유가 절대적으로 필요한 것입니
다. 밀은 토론의 자유를 잠들어 있는 결정적인 생각을 깨우는 도구라
고 했답니다.

또, 진리의 발견을 위해서는 언론의 자유가 꼭 필요하다고 밀은 《자
유론》에서 말하고 있답니다. 진리의 발견이 없다면, 사회는 절대로
발전할 수 없습니다. 그렇기 때문에 사회의 발전을 위해서 언론의 자
유는 꼭 필요한 것이죠.

하지만 밀은 국가의 권력이 강해지면 질수록 백성은 자유롭지 못하
다고 했습니다. 그래서 백성에게 교육이 필요하다고 강조했고, 좋은
교육을 받기 위해서 절대적으로 필요한 것은 토론의 자유라고 생각
했답니다.

교육을 받은 사람은 자유롭게 자신의 의견을 말하고 행동할 수 있습
니다. 물론 사람은 누구나 실수를 할 수 있기 때문에 자유로운 의견

이나 행동에 실수가 있을 수도 있지만, 이런 실수로 인한 행동이 현명한 행동이 아니라 할지라도 교육을 받은 사람은 결코 다른 사람에게 피해를 주는 행동이나 말은 하지 않습니다.

밀은 이렇게 남에게 피해를 주지 않는 범위 내에서의 자유로운 행동과 말은 허용하고 있답니다.

그럼 어쩔 수 없는 상황에서 남에게 피해를 준 사람이 있다면 어떻게 해야 할까요? 물론 법에 따라 벌을 받아야겠죠. 하지만 밀은 법에 따라 벌을 받는 것에 대해서도 부정적인 입장을 갖고 있습니다.

'최대 다수의 최대 행복'을 지향하는 공리주의 철학자들이 보는 시민의 행복은 정부나 사회의 권력이 시민의 권력보다 적을 때 가능합니다. 그렇기 때문에 시민의 잘못을 법이나 경찰의 힘으로 다루는 것은 좋지 않다고 보았답니다. 밀 역시 시민의 입장에서 시민의 잘못을 다루어야만 '공공의 행복'이 이루어진다고 믿었던 것이죠.

자유에 따른 도덕적 의무

 행복을 수중에 넣는 유일한 방법은 행복 그 자체를 인생의 목적으로 생
각지 말고 행복 이외의 어떤 다른 목적을 인생의 목적으로 삼는 일이다.

—존 스튜어트 밀

1 진짜 자유?

"자유에는 당연히 의무가 따른다고 밀은 주장했어요."

자유를 주지 말든가 의무를 주지 말든가, 꼭 이렇게 복잡하다 니까!

나는 속으로 그렇게 생각하면서도 사실은 조금 궁금했어요. 자 유에 따르는 의무가 무엇인지 말이에요.

"의무 없는 자유가 있었으면 좋겠죠? 학교에서도 늘 자유를 이 야기하면서 꼭 의무를 함께 이야기하니 말이에요."

선생님은 마치 내 마음을 읽듯이 말씀하셨습니다.

"하지만 의무 없이 자유만 이야기하면 안 되죠. 사람들이 마음대로 행동하고는 모두 자유라고 한다면, 이 세상은 정말 복잡해지지 않겠어요? 모든 사람이 자유롭게만 행동하면 무질서한 세상이 올 테니까요. 자유롭게 행동하고 싶지 않은 사람이 어디 있겠어요?"

아이들의 표정도 나처럼 복잡해지는 것 같네요.

"왜 사람들은 자유롭게 행동하고 싶어 할까요?"

"행복하려고요!"

누군가 장난하듯 말했어요.

"맞았어요!"

장난스러운 말투에 선생님이 맞다고 하시니 아이들은 일제히 '우아!' 하면서 감탄을 보냈어요. 그렇게 쉬운 답일 거라고 생각하지 않았거든요. 그렇지만 다시 생각해 보면, 우리가 자유를 원하는 것은 바로 행복하기 위해서라는 건 당연해요.

"밀 역시 행복 때문이라고 했어요. 사람들은 행복하기 위해서 자유롭게 행동하지요."

"네에!"

아이들이 길게 대답했어요.

"그런데 문제는, 모든 사람이 다 행복하기 위해서 자유롭게 행동한다는 거예요."

"그게 왜 문제가 돼요? 다 자유롭고, 다 행복하면 좋을 텐데."

민석이가 말했어요.

"모두가 행복하기 위해서 자유롭게 행동한다면 어떤 일이 생길까요? 자동차의 신호등과 횡단보도가 왜 있는가에 대해서 이야기했었죠? 바로 그런 일이 생길 수 있답니다. 모두가 자유롭게 행동하면, 결국 사회엔 질서가 사라지겠지요."

맞아요. 내가 지난번에 보았던 교통사고 같은 일이 일어나겠지요? 정말 소중한 체험을 한 것 같아요. 그래서인지 선생님 말씀이 귀에 쏙쏙 들어옵니다.

"그래서 자유에는 의무가 꼭 필요하다, 하고 말씀하시려는 거죠?"

민석이가 선생님의 말을 가로채서 선수를 치자 선생님은 빙그레 웃으셨습니다.

"그래요, 나의 행복이 중요하면 남의 행복도 중요하다는 걸 생각해야겠지요. 우리가 행복하기 위해서 자유로운 행동을 하는 게 자유라면, 남의 행복에 방해되는 행동을 하지 않는 것이 의무입니다."

맞아요. 휴가에서 늦게 복귀한 병사는 자신의 행복을 위해 남의 행복을 방해하는 행동을 해서는 안 되는 거였어요. 결국 자신뿐만 아니라 다른 사람들까지 피해를 입었잖아요. 사소한 것 같지만 규칙을 지키는 것, 그것이 바로 의무였던 거예요.

"밀은 남의 행복에 방해되는 행동을 자유에 위배되는 행동이라고 했답니다. 이런 행동에는 어떤 것들이 있을까요?"

"민기는 점심시간에 큰 소리로 떠들면서 밥을 먹어요. 민기의 이야기가 재미있는데다가 수업 시간이 아니니 그냥 지켜보긴 하지만, 어떤 때는 입 안의 밥알이 막 튀어서 더러워요."

민기의 짝꿍인 유민이가 말했습니다.

"내가 언제 큰 소리로 떠들면서 먹었다고 그래? 그냥 좀 즐거운 식사 시간을 갖자는 거였지."

민기의 목소리가 점점 줄어듭니다. 사실 떠들긴 떠들었거든요.

"어쨌든 저는 민기가 떠들면서 밥을 먹으면 밥알이 튀기 때문에 싫어요. 결국 민기의 자유로운 행동이 제 행복을 방해한다는 것이지요. 흠흠."

유민이가 헛기침을 했습니다.

"야, 안 그러면 되잖아. 좋게 말했으면 내가 그런 행동을 했겠냐? 창피하게 그걸 이르냐?"

아이들이 웃으며 민기에게 괜찮아, 하고 위로해 주었습니다.

"그래요, 그런 자유로운 행동을 자제하면 되는 거예요. 반대로 민기가 큰 소리로 떠들면서 밥을 먹는 것은 유민이에겐 불행이지만, 민기에게는 행복일 수 있지요. 그럼 유민이가 민기에게 큰 소리로 떠들면서 밥을 먹지 말라고 이야기해도 될까요?"

"대답하기 좀 곤란한데. 남의 자유를 방해하면 안 되니까, 그것도 말할 수 없는 건가요?"

지훈이가 고개를 갸우뚱했습니다.

"그래요, 밀 역시 말할 수 없다고 했어요. 왜냐하면 유민이가 민기에게 그렇게 말하는 것은 자신의 행복이겠지만, 그런 소릴 듣는 민기는 행복하지 않을 테니까요."

"불행해요!"

민기가 불쌍한 척하며 말하자 아이들이 또 한 번 웃었습니다.

"그렇겠죠. 자신의 행복이 침해당했으니까요. 밀은 이렇게 개인이 하는 자유로운 행동에 대해서 남이 간섭하면 안 된다고 했답니다."

"아이, 그렇게 말씀하시니까 제가 너무 미안해지잖아요."

유민이가 고개를 푹 숙였습니다.

"그럼 도대체 어떻게 해야 한다는 거예요?"

영은이가 도저히 감을 잡을 수 없다는 듯 고개를 갸우뚱했습니다. 역시 지훈이와 영은이는 천생연분입니다. 서로 좋아하는 사이여서 그런지 하는 행동도 비슷하거든요.

"남의 자유로운 행동에 개입해서는 안 된다는 것을 안 유민이는 민기에게 큰 소리로 떠들면서 밥을 먹지 말라고 더 이상 말하지 않았어요. 그렇지만 여러분이 봤을 때 민기의 그런 행동은 좋은 행동일까요, 나쁜 행동일까요?"

"밥 먹는 예의로 볼 때, 그건 상식적으로 나쁜 행동이라고 할 수 있겠죠."

민석이가 마치 선생님처럼 말했습니다.

"그래요, 그건 분명 나쁜 행동이지요. 일반적으로 봤을 때 나쁜 행동은 해서는 안 돼요. 왜냐하면 도덕적으로 그릇된 행동이기 때문입니다. 밀이 이야기하는 자유에 뒤따르는 의무는 그릇된 행동을 하지 않는 것을 말하는데, 그것이 곧 도덕적 의무입니다. 남에게 해를 끼치는 자유로운 행동은 도덕적 의무를 위반하는 것이고, 도덕적 의무를 위반하는 사람은 사회적으로 욕을 먹지요. 그러나 도덕적 의무를 위반하였다고 법에 위배되는 것은 아니랍니다. 민기가 큰 소리로 떠들면서 밥을 먹었다고 벌을 받지는 않듯이 말이에요. 그렇지만 친구들로부터 좋지 않은 소리를 듣겠지요? 결국 자유에는 도덕적 의무가 뒤따르고, 그 도덕적 의무는 남에게 피해를 주지 않는 범위 내에서 나만의 자유로운 행동을 하여야 한다는 것을 뜻합니다."

"선생님! 그게 바로 '공공의 행복' 아닐까요? 모든 사람의 행복을 위해서 남의 행복을 침해하지 말아야 한다!"

나도 모르게 벌떡 일어나 큰 소리로 외쳤습니다.

2 다수결의 횡포

보고 싶은 가을이에게

동생이 많이 아팠다니 걱정이 많았겠구나. 지금은 괜찮니? 아기들은 원래 그렇게 아프면서 크는 거래. 가을이도 어렸을 때 그렇게 아팠던 적이 있을 거고, 또 부모님이 노을이에게 했던 것처럼 정성껏 돌보아 주셨을 거야. 지금은 노을이가 태어나서 부모님의 사랑과 관심을 받지 못한다고 생각할 수도 있겠지만, 가을이 역시 부모님의 큰 사랑과 관심을 받으며 어엿한 숙녀가 된 거지.

　오빠는 가을이의 편지를 읽으면서 뿌듯했단다. 내 동생 가을이가 참 마음이 따뜻한 아이구나, 라는 생각이 들어서. 동생 때문에 힘들다고 투정을 부리긴 했어도, 사실은 동생을 무척 사랑하고 가족에게 따뜻한 정을 품은 아이라는 걸 알았거든. 자기의 즐거움보다 가족의 행복을 더 중요하게 생각하는 가을이의 마음이 느껴졌어. 네게 주어진 자유의 시간이 그토록 불편했던 것도, 아마 네 자신보다 가족을 위해 보냈던 시간이 더 의미 있고 소중하다는 걸 스스로 깨달았기 때문일 거야. 역시 내 동생 가을이는 기특하고 자랑스럽다니까! 우리 가을이 파이팅!

　그런데 이번엔 어떤 이야기를 해 줄까? 고민이 되는데? 흔히 군대에 갔다 온 남자들은 군대 이야기와 축구 이야기를 빼놓지 않고 한대. 대한민국 남자라면 모두가 가야 하는 군대이고 흔히 하는 운동이 축구지만, 건강하지 못하다면, 그리고 여자라면 그 평범한 것도 하지 못하잖아? 그래서인지 남자들은 자신들의 건강함을 자랑하기 위해서 허풍을 좀 보태서 말하곤 하지. 여자들이 제일 싫어하는 이야기가 남자가 군대에서 축구한 이야기라는 것도 모르고 말이야. <u>크크</u>.

가을이도 여자니까, 군대에서 축구한 이야기를 하면 싫어하려나?

일요일엔 우리 내무반이 다른 내무반과 축구 시합을 했어. 독일 월드컵 때문에 거기도 축구 열풍이 대단했지? 군대도 마찬가지야. 특히 승부에 대해선 말할 것도 없고. 단 두 팀이 경기를 하는 것이니 당연히 한 팀은 이기고 한 팀은 지거나 두 팀이 무승부일 텐데, 군대에서는 항상 승리를 목표로 해. 그래서 월드컵처럼 16강이나 8강, 4강에 나가는 게 아닌데도 아주 치열하게 경기를 치르지. 때때로 군대에서 하는 축구는 경기가 아니라 전투처럼 느껴지기도 한다니까? 다치는 사람들도 있고 말이야.

이번 축구 경기에서도 마찬가지였지. 서로 이기겠다는 목표 하나로 몸싸움을 서슴지 않고 해서, 우리 편의 한 병사가 급기야 의무실로 실려 갔어. 아직 경기는 끝나지 않았고, 우리 팀이 불리한 입장이었지. 그래도 난 경기 도중 한 병사가 의무실로 실려 가는 것을 보고, 경기의 승패보다는 친선과 안전을 우선으로 하는 것이 낫지 않겠냐고 했어. 그랬더니 금세 주장의 얼굴이 일그러졌지. 우리 팀 주장은 체육대학 출신으로 곧 제대를 앞둔 병장이었는데, 그런 정신력으로 어떻게 군대 생활을 하고 사회생활을 하겠냐며 오히려 기합을 주었어. 나는 좀 억울했지만, 아무 말 없이 기합을 받고 다시 경기를 할 수밖에 없었지.

누군가 내게 다가와서 위로해 주었어. 병장의 말에 너무 마음 상해 하지 말라고. 원래 자기 뜻대로 하는 고참이고, 곧 제대를 앞두고 있으니 그럭저럭 기분을 맞춰 주자고. 나는 병장보다 오히려 날 위로해 준 병사가 더 미웠어. 그 역시 병장의 잘못을 잘 알고 있으면서 그냥 눈감아 주자고 한 건 옳지 못하다고 생각했거든.

축구 시합 결과는 뻔했어. 우리 팀이 졌지.

'너희들은 축구 시합에서 졌다. 그러므로 진 것에 대한 책임을 져야 한다. 지금부터 연병장을 20바퀴 돈다. 의의 있는 사람? 없지? 그럼, 다수결의 원칙에 따라 모두가 기합을 받는 것으로 한다. 자, 실시!'

많은 사람이 동의한다고
해서 그 생각이 진실일까?

결국 주장인 병장의 일방적인 지시에 따라 우리는 단체 기합을 받았어. 하지만 이건 훈련과 군대 생활의 규칙과는 좀 다른 것 같았지. 지난번 휴가에서 늦게 복귀한 병사 때문에 받았던 기합은 우리가 꼭 지켜야 할 규칙을 어겨서 그런 거지만, 이번 축구 경기는 단순히 친목을 위한 것인데다 질 수도 있는 문제인데, 그것으로 병장이 기합을 주는 건 이해할 수가 없었거든. 기합을 받는 내내 병장이 옳지 못하다는 생각을 저버릴 수가 없었어.

나중에 알고 보니 나 혼자만 그런 게 아니라, 다른 많은 병사들도 그렇게 생각하고 있더라고. 그런데도 아무 말을 못하고 있었던 거야. 왜냐하면 체육대학 출신인 병장은 계급이 높을

뿐만 아니라 힘도 세서, 잘못 보였다가는 몰래 불려 나가 흠씬 두들겨 맞는 일이 허다했거든. 그걸 알기 때문에 병장이 무서운 병사들은 아무 말도 못하고 시키는 대로 기합을 받은 거지. 민주적인 다수결의 원칙이라고 했지만 그건 병장의 변명일 뿐이고, 다른 병사들은 그냥 그의 힘이 두려울 뿐이었어.

가을아, 나는 오늘 많은 생각을 했단다. 특히 다수결의 횡포에 대해서 말이야. 많은 사람들이 동의하고 결정한 일이 꼭 옳은 것인지, 소수의 의견이 무시된 다수결의 의견이 정당한지, 정말 어떤 권력의 힘으로 한 사람이 다수의 의견을 움직이고 있진 않은지……. 민주주의의 가면을 쓰고 있는 다수결의 원칙, 그것은 많은 사람들이 함께 모여 살 수밖에 없는 이 사회에서 소수의 의견을 무시한 채 굉장한 힘을 갖고 있더구나.

혹시 가을이는 반 친구들과 그런 경험 없니? 오빠 가을이가 나처럼 아무 말 못하고 그냥 묵묵히 있는 비겁한 사람이 되기보다, 자신의 생각을 말하고 옳은 행동을 할 수 있는 용감한 사람이 되길 바란단다.

래인 오빠 씀

내 동생 가을이, 나는 그 부분을 몇 번이고 반복해서 읽었습니다. 보고 싶은 가을이에게, 라는 첫 문장에서도 마음이 설레였고요.

이럴 줄 알았어요. 오빠에게 편지를 쓰면 이렇게 기분이 좋아지고 좋은 일도 생긴다니까요? 그래서 나는 오빠가 말한 것처럼 용기 있는 사람이 될 거예요. 언제나 내게 힘과 희망을 주는 오빠에게 동생이 그 정도는 해야 하지 않겠어요?

참, 그런데 신기한 것이 있어요. 마치 래인 오빠는 내가 학교에서 어떤 공부를 하고, 어떤 고민을 하는지 모두 알고 있는 것만 같거든요. 요즘 수업 시간에 '자유'에 대해서 토론하고 공부하는 내용들 말이에요. 이런 걸 보니 오빠와 나도 지훈이와 영은이처럼 천생연분인 것 같지요?

3 진정한 자유를 찾아서

아침부터 날씨가 흐렸지만 비가 올 거라고는 생각하지 않았어
요. 어제저녁 가족들과 뉴스를 봤을 때 일기예보에서 날씨가 흐릴
뿐이지 비가 올 확률은 적다고 했거든요. 엄마는 혹시 모르니 우
산을 가져가라고 했지만, 난 우산을 챙기는 것이 귀찮았어요. 우
산을 들고 가라, 안 가지고 가겠다, 한참 실랑이가 벌어지는 사이
노을이가 울어 댔어요. 엄마가 노을이에게 달려간 사이 나는 쏜살
같이 집을 나섰지요. 괜히 우산을 가져갔다가 비가 안 오면 얼마

나 귀찮은데요. 가방처럼 늘 가지고 다니는 것이 아니라서 잃어버릴 때도 많고요. 그럴 때마다 들어야 하는 엄마의 잔소리. 정신을 어디다 팔고 다니니, 그렇게 차분하지 못해서 어쩌니, 제 물건 하나 간수하지 못하는 사람이 어떻게 큰일을 하겠니, 등등. 차라리 비를 맞고 말지요.

그런데 정말 갑자기 빗방울이 떨어지기 시작했어요. 처음엔 한두 방울 떨어지는가 싶더니, 갑자기 막 쏟아지는 것이 아니겠어요. 학교에 가려면 세 개의 신호등을 건너서 15분쯤 더 걸어야 하는데. 등교하던 아이들은 우산을 펴고 아무렇지 않게 걸어갔지만, 나는 뛰기 시작했어요. 오늘따라 학교가 너무 멀게만 느껴지는 거 있죠. 모두들 우산을 쓰고 가는데 혼자만 비를 맞고 가는 것이 창피하기도 하고, 또 옷이 다 젖어 속상하기도 해서 나는 정말 울고 싶은 심정이었어요.

아무도 나에게 우산을 같이 쓰고 가자고 하지 않았어요. 하기야, 자기 반이거나 친구가 아니고서야 누가 선뜻 우산을 함께 쓰자고 하겠어요. 나 역시 비를 맞고 가는 아이가 있어도 내가 모르는 사람이면 그냥 지나쳤는데. 근데 으악! 비가 너무 많이 내리지 뭐예요.

그때, 누군가 내게 우산을 씌워 주고는 손수건을 내밀었어요. 나는 엉겁결에 손수건을 받아 얼굴을 닦았지요. 그러고 나서 내게 우산 씌워 준 사람을 바라보았는데, 세상에 슬기지 뭐예요. 나는 얼른 우산 밖으로 나왔어요. 지금은 슬기와 다투어서 사이가 좋지 않잖아요. 그런데 슬기의 우산을 쓰다니요? 그건 자존심 상하는 일이잖아요. 아직 사과도 받지 않았는데.

우산 밖으로 나오자 다시 비가 얼굴로 쏟아졌어요. 슬기가 다시 우산을 씌워 주었어요. 내가 다시 밖으로 나오고, 슬기가 다시 우산을 씌워 주고. 그 모습이 조금은 우스워서 슬기와 나는 동시에 웃고 말았어요.

"미안해."

슬기는 활짝 웃으며 그렇게 말했어요. 슬기가 먼저 미안해, 하니까 갑자기 나는 부끄러워졌어요.

슬기가 잘못한 일이 뭐였지? 무엇 때문에 가장 친한 친구 슬기와 다투었지?

생각해 보니 정말 아무런 이유도 없었어요.

"네가 잘못한 게 뭐 있어? 내가 그냥 혼자 토라진 거지. 내가 미안해."

나도 슬기에게 사과했어요.

"아니야, 생각해 보니까 내가 잘못한 거야. 넌 나의 가장 친한 친구고 네 비밀을 한 번도 숨긴 적이 없는데, 나는 그런 네 마음을 알면서도 이해해 주고 같이 아파해 주지 못했잖아. 내 생각이 옳다고 생각하고, 그것을 끝까지 주장할 줄만 알았지."

"그건 나도 마찬가지야."

나는 부끄러워 고개를 들 수가 없었어요.

"때로는 생각의 옳고 그름보다 마음의 행복이 더 중요한 것 같아. 내가 옳다고 인정받았을 때의 행복보다, 누군가를 행복하게 해 주고 보람을 느끼는 마음의 행복이 더 큰 것 같거든."

슬기가 말하는 동안 나는 입가에 미소를 지었습니다. 나 또한 슬기와 같은 생각이었거든요.

"너에게 먼저 사과하지 못한 거 정말 미안해."

나는 슬기의 손을 꼭 잡았습니다.

"이러다 우리 지각하겠다. 빨리 가자!"

우리는 한 개의 우산을 같이 쓰고 뛰기 시작했습니다. 마치 한 사람이 된 것처럼 발이 척척 잘 맞았지요.

4 배부른 바보보다
배고픈 소크라테스가 낫다

"선생님, 결국 '공공의 행복'이라는 것은 많은 사람들이 모두 행복한 것을 말하잖아요? 그럼 행복이 늘어나는 행동은 좋은 행동이겠네요? 반대로 행복이 줄어드는 행동은 나쁜 행동이고요. 그렇다면 우리는 모두가 행복해질 수 있는 행동을 많이 해야겠어요."

민기가 어제와는 달리 제법 어른스럽게 말했습니다.

"그래요. 밀의 스승이자 공리주의 사상을 얘기한 벤담은 '최대 다수의 최대 행복'에서 행복에 대해 그렇게 말했어요. 같은 공리주의 사상을 펼쳤지만, 밀은 그것에 한 가지를 더 추가했지요. 벤담이 말한 것처럼 쾌락의 양만 가지고 쾌락을 결정할 수 있는 것은 아니니까요. 쾌락의 질에 대해서도 생각해 봐야지요. 쾌락은 종류도 많지만, 얻는 방법도 여러 가지거든요. 쾌락의 양만 중요하게 생각했던 벤담과 달리, 밀은 왜 쾌락의 질에 대해서도 생각하게 되었을까요?"

"옛말에, 청출어람이라는 말이 있잖아요? 스승보다 제자가 좀 더 나아야 되지 않겠어요? 그래서 밀은 벤담이 생각하지 못한 쾌락의 질에 대해서도 생각한 것이 아닐까요?"

영훈이가 대답하자 선생님이 웃으셨어요.

"하하하, 그래요. 영훈이 말대로 여러분 모두가 청출어람해서 선생님보다 훨씬 훌륭한 사람이 되길 바랄게요."

그리고는 설명을 계속하셨습니다.

"벤담이 살던 시절에 많은 노동자들은 부자나 공장 주인으로부터 낮은 임금으로 학대받고 살았다고 해요. 벤담은 이런 사람들에게 행복을 가져다주고 싶었답니다. 그래서 가능한 많은 사람들에게 행복이 주어지는 것이 더 중요하다고 판단한 거지요. 그래서 쾌락의 질보다 쾌락의 양을 더 중요하게 생각한 거고요."

벤담의 생각을 듣고 보니 절로 고개가 끄덕여졌습니다.

"그러나 밀의 시대는 벤담의 시대와는 조금 달랐어요. 산업혁명이 어느 정도 끝난 뒤라 영국의 노동자들은 자신의 의견을 말할 수 있었고, 또 권리를 주장할 수 있었어요. 바로 밀이 주장한 교육으로 그렇게 된 것이지요. 그러니까 쾌락의 질과 양의 차이는 교육을 받은 사람과 교육을 받지 않은 사람의 차이라고 생각하면 될 거예요. 벤담의 시절 노동자들은 교육을 많이 받지 않았기 때문에 질적인 쾌락보다는 양적인 쾌락을 더 중요하게 생각했습니다. 맛있는 음식보다는 많은 음식이 더 필요한 시절이었던 거지요. 그러나 밀의 시대 사람들은 많은 양의 음식보다는 맛있는 음식을 원했어요."

많은 친구보다 진정한 친구 한 명이 더 소중한 것처럼 말이지요?

나는 슬기를 바라보았습니다. 슬기도 나를 바라보고 있었고요. 우리는 서로 빙그레 웃었습니다.

"그래서 이런 말이 나온 거지요? 배고픈 돼지보다 배부른 소크라테스가 낫다!"

영훈이가 또 알은체를 합니다.

"만족한 돼지보다는 불만족한 인간이 더 낫고, 만족한 바보보다는 불만족한 소크라테스가 더 낫다."

선생님이 영훈이의 말을 정확하게 옮겨서 말씀하셨어요.

"야, 영훈이 너 알은체 좀 하지 마. 정확하게 알지도 못하면서!"

재열이가 한마디 거들었습니다.

"어쨌든 뜻은 통하잖아. 그렇죠, 선생님?"

"그래요, 영훈이가 뜻을 잘 이해하고 있는 것 같아요. 그런데 그렇게 말한 사람이 누군지 아세요?"

선생님이 질문하자, 영훈이는 고개를 절레절레 흔들었습니다.

"바로 밀이에요."

아이들은 아, 하고 감탄사를 연발하며 고개를 끄덕였습니다. 워낙 유명한 말이라 많이 들어 보긴 했지만, 사실 나도 누가 한 말인지는 몰랐거든요.

"사람들은 여러 가지 쾌락을 느끼면서 행복을 원하지요. 이런 여러 가지 쾌락에는 분명히 아주 나쁜 쾌락에서부터 아주 행복하고 좋은 쾌락까지, 여러 종류의 쾌락이 있을 거예요. 모든 사람은 자신만의 품위와 인격을 가지고 있는데, 이렇게 자신의 품위와 인격에 맞는 쾌락을 경험을 통해서 얻는 것을 질 좋은 쾌락이라고 보았답니다. 그래서 밀은 육체적 쾌락은 질이 나쁜 쾌락이고, 정신적인 쾌락은 질이 좋고 고상한 쾌락이라고 생각한 것이지요. 그 정신적 쾌락이야말로 모든 사람을 오랫동안 행복하게 해 주고, 개인의 행복뿐 아니라 다른 사람의 행복에까지도 영향을 미친다고 생각했어요. 그래서 밀이 영훈이가 말했던 것과 같은 말을 한 것이고요."

밀은 생각의 자유에 날개를 달아 행동의 자유를 훨훨 날게 해 준 것 같아요. 물론 행동의 자유를 통해서 사람들에게 도덕적인 의무를 주긴 했지만, 그것은 행동을 하되 절대적으로 하고 싶은 행동만 하라는 경고겠지요. 또한 밀은 쾌락이 행복이라고 하면서도 많은 쾌락보다는 질적인 쾌락을 원했잖아요? 사람이 행동을 할 때 많은 부분이 도덕적인 의무로 억압된다면, 결국 할 수 있는 행동은 아주 적을 거예요. 하지만 이 적은 행동이 질적인 쾌락이라면, 곧 커다란 행복을 얻을 수 있겠지요?

래인 오빠가 가수 활동을 못하게 되고 군대에 간 것이 겉으로는 자유를 빼앗긴 것처럼 보이지만, 국가를 위한 일이잖아요. 그것은 '공공의 행복'을 위한 일이라고 할 수 있겠지요. 또, 가수 래인을 지켜보는 팬을 위한 일이며, 결국 자기 자신의 당당한 모습을 위한 것이니 그게 바로 질적인 쾌락 아니겠어요? 그래서 래인 오빠

가 군대 생활을 긍정적으로 잘해 나가고 있는 건지도 모르지요.

그렇다면, 나는? 나 역시 노을이를 돌보고 가정에 얽매여 자유를 빼앗겼다고 생각했지만, 그것이 아닐지도 몰라요. 그래요. 가정이 있어 내가 존재하고, 또 내가 존재해서 우리 가정이 있으니 나는 우리 가정의 아주 소중한 딸이지요. 지금 내가 하고 있는 일 역시 가정이라는 테두리 안에서 행복을 만들어 가는 과정일 거예요. 내가 가정의 한몫을 단단히 하고 있는 셈이니까요. 왠지 뿌듯한 느낌마저 드는걸요? 그리고 사실 노을이를 돌보는 일이 귀찮다고 느끼긴 했지만, 노을이 때문에 웃는 일이 더 많잖아요. 노을이의 해맑은 웃음이 우리 가정에 새로운 꽃으로 피어나 더 환한 웃음을 선물해 주었으니까요.

결국 나 김가을이 다수의 행복이 개인의 행복보다 우선시되는 '공공의 행복'의 진리를 깨달은 셈인가요? 히히!

1863년, 밀은 〈공리주의〉라는 논문을 발표합니다. 이 논문에서 밀은 행복의 조건과 행보에 대해서 다음과 같이 이야기하고 있습니다.

'행복의 조건이 무엇일까요?

행복이 늘어나는 행동은 좋은 행동이다.

행복이 줄어드는 행동은 나쁜 행동이다.'

이런 조건에 따라 나타난 행복은 무엇일까요?

행복은 즐거운 것이며, 고통이라고는 조금도 없는 것을 의미한다.

반대로 고통은 행복이라고는 조금도 없는 것을 말한다.

이런 생각은 벤담의 '최대 다수의 최대 행복'에서 이야기한 행복과 같습니다. 하지만 밀은 '최대 다수의 최대 행복'을 위해서 한 가지를 더 추가합니다.

　벤담이 이야기한 것처럼 쾌락의 양만 가지고 쾌락을 결정할 수 있는 것은 아닙니다. 쾌락의 질에 대해서도 생각을 해야 합니다. 쾌락은 종류도 많지만, 그것을 얻는 방법도 여러 가지입니다. 그렇기 때문에 양만으로 쾌락을 평가한다는 것은 모순이죠.

　밀은 이런 관점에서 다음과 같이 말하고 있습니다.

　'어떤 종류의 쾌락이 다른 종류의 쾌락보다 더 좋고 더 가치가 있다는 사실을 인정하는 것은 결코 공리주의의 원리에 어긋나는 것이 아니다. 다른 일을 할 때는 양과 질을 다 생각하면서, 쾌락을 평가할 때는 양만 갖고 이야기하는 것은 잘못된 것이다.'

　밀의 이러한 생각은 벤담의 생각과는 조금 다릅니다. 벤담은 '최대 다수의 최대 행복'을 이야기하면서 쾌락의 양만 중요하게 생각했고, 쾌락의 질에 대해서는 이야기하지 않았습니다. 그렇다고 벤담이 쾌락의 질에 대해서 생각하지 않은 것은 아니지만요.

　그럼 왜 밀은 벤담과 다르게 쾌락의 질도 중요하게 생각했을까요?

　벤담이 살던 시절, 많은 노동자는 부자나 공장 주인으로부터 낮은 임금으로 학대받고 살았습니다.

　벤담은 이런 사람들에게 행복을 가져다주고 싶었답니다. 그래서 가능한 많은 사람들에게 행복이 주어지는 것이 더 중요하다고 판단한 것입니다. 그래서 쾌락의 질보다 쾌락의 양을 더 중요하게 생각한 것이죠.

하지만 밀의 시대는 벤담의 시대와는 조금 달랐습니다. 산업혁명이 어느 정도 끝난 뒤라 영국의 노동자들은 자신의 의견을 말할 수 있었고, 또 권리를 주장할 수 있었답니다. 바로 밀이 주장한 교육으로 그렇게 된 것이죠.

쾌락의 질과 양의 차이는 교육을 받은 사람과 교육을 받지 않은 사람의 차이라고 생각하면 됩니다. 벤담의 시절 노동자들은 교육을 많이 받지 않았기 때문에 질적인 쾌락보다는 양적인 쾌락을 더 중요하게 생각했습니다. 맛있는 음식보다는 많은 음식이 더 필요한 시절이었던 거죠. 그러나 밀의 시대 노동자들은 많은 양의 음식보다는 맛있는 음식을 원했습니다.

이 모든 것이 교육이 가져다준 결과입니다. 밀의 아버지 제임스 밀이 강조한 교육의 중요성이 아들 밀 시대에 와서 이루어진 것이죠. 이러한 점 때문에 벤담이나 제임스 밀의 생각과 존 스튜어트 밀의 생각은 조금 다르게 나타난 것입니다.

그래서 밀은 다음과 같이 말하고 있답니다.

'배부른 돼지보다 배고픈 사람이 되는 것이 더 낫다. 배부른 바보보다는 배고픈 소크라테스가 되는 것이 더 낫다. 만약 돼지나 바보가 다른 생각을 가지고 있다면, 배부른 돼지나 배부른 바보의 가면만 알고 있다. 하지만 사람은 배부른 돼지와 배고픈 사람의 가면을 알고 있고, 소크라테스는 배부른 바보와 배고픈 소크라테스라는 두 가면을 모두 알고 있다.'

에필로그

보고 싶은 래인 오빠에게

　붉고 노랗게 물든 가을 나무들이 노을빛을 받아 영롱하게 빛날 때, 강가
에 서서 서로의 손을 꼭 잡고 사랑을 맹세한 두 사람이 있었습니다. 고운
빛깔로 빛나며 열매 맺는 나무들처럼 아름다웠던 그해 가을, 두 사람은 결
혼을 하였습니다. 그리고 다음 해 가을에 낳은 예쁜 딸의 이름을 김가을이
라고 지었답니다. 그들의 사랑은 변하지 않았고, 12년이 흐른 후 또 한 명
의 예쁜 딸을 낳아 김노을이라고 이름 지었어요. 이 낭만적이고 환상적인
사랑의 주인공은 바로 우리 부모님이랍니다. 그래서 부모님은 가을의 노을
을 무척 좋아하신답니다.
　이 사진 어때요? 가을날의 노을을 찾으셨어요? 하하하!

동생과 찍은 사진인데, 혹시 제가 아기 엄마 같다는 말씀은 안 하시겠죠? 무려 열두 살이나 차이 나는 동생이지만, 내 비밀 이야기도 잘 들어주는 아주 친한 단짝 친구 같은 동생이에요. 물론 내 말을 알아듣는 것 같지는 않지만요. 그래도 노을이가 웃는 모습을 보면, 내 마음을 알고 웃어 주는 것 같아요.

동생 때문에 부모님의 사랑과 관심, 그리고 모든 자유를 빼앗겼다고 생각했는데, 오빠와 편지를 주고받으면서 오히려 깊은 사랑과 진정한 자유에 대해서 알게 되었어요. 오빠의 노래를 듣지도, 오빠를 보지도 못하게 하는 군대가 나쁘고 개인의 자유를 억압하는 곳이란 생각도 바뀌었고요. 나라를 위해서, 그리고 자기 자신을 위해서 우리가 당연히 해야 할 의무라는 것, 그것이 얼마나 의미 있고 값진 행복인지도 알게 되었으니까요.

무엇보다 오빠가 당당하게 군복무를 마치고 다시 사회로 돌아와 불러 줄 노래를 기다리는 것도 참 흥분되고 기대돼요. 어쩌면 그렇게 기다리고 설레며 듣게 되는 노래가 내겐 질적인 쾌락이 되어 더 큰 행복을 줄 것 같아요.

오빠! 오빠가 지난 편지에서 휴가 나오면 꼭 한 번 저를 만나고 싶다고 하신 얘기, 정말이지요? 꿈만 같아서 믿어지지 않아요. 하기야 처음 오빠의 편지를 받은 것만 해도 제겐 정말 기적 같은 일이지만요. 또 한 번의 기적이 일어날까요? 헤헤, 너무 설레네요. 혹시 오빠가 휴가 나왔을 때 저를 못 알아보실까 봐 사진 보내 드리는 거예요.

오빠를 만날 때까지 동생도 잘 돌보고, 공부도 열심히 하고, 친구와도 사이좋게 지내는 가을이가 될게요. 그것이 지금 제게 주어진 가장 큰 자유이자 의무이며 행복이니까요.

어제는 비가 왔지만, 오늘은 활짝 개었어요. 그래서인지 알록달록 물든 나뭇잎들이 더욱 예쁘게 보이고 하늘도 맑아 보여요. 지금까지 본 풍경 중 가장 멋진 가을 풍경이에요.

그럼 오빠, 건강하세요.

오빠 만날 날을 손꼽아 기다리는 가을이가

나는 우체국에 가서 편지를 부쳤어요. 평소엔 그냥 동네 슈퍼 앞에 있는 우체통에 편지를 넣지만, 오늘은 왠지 우체국에 가서 직접 보내야 래인 오빠한테 답장이 더 빨리 도착할 것 같거든요.

정말 하늘도 맑고, 나무들도 예쁘게 물이 들었네요. 하늘과 나무 사이를 나는 새들의 날갯짓도 힘찬 것 같고요. 도로 위를 달리는 자동차, 과일을 파는 트럭에서 들리는 확성기 소리, 아이들이 우르르 몰려가는 모습, 모두가 활기차고 자유로운 것 같아요. 정말 행복해 보여요.

그런데 래인과 편지를 주고받고, 곧 만날지도 모른다는 이 엄청난 사실을 나는 슬기에게는 말해야 할까요? 아니면 비밀로 해야 할까요?

통합형 논술
활용노트

01 가을이는 자기가 좋아하는 가수 래인이 군대에 가자 슬픈 마음을 친구 슬기에게 털어놓습니다. 하지만 슬기는 위로를 해 주기는커녕 오히려 국방의 의무에 대해 이야기하며 가을이와 논쟁을 벌입니다. 여러분은 우리나라에서 남자들이 성인이 되면 의무적으로 군대에 가는 것에 대해 어떻게 생각하는지, 개인의 자유와 관련하여 적어 보세요.

02 가을이의 담임선생님은 언론의 자유에 대해 말씀하시면서 아이들에게 자유 토론의 방법에 대해 질문합니다. 밀이 이야기한 자유로운 의견을 발표하는 방법은 무엇인지 적어 보세요.

03 우리는 사회 속에서 많은 의무 사항들을 지키며 살아갑니다. 그래서 인간을 사회적 동물이라고 부르기도 하는데요, 밀이 사회에는 법이 필요하다고 주장한 것도 그러한 이유에서입니다. 그렇다면 법은 꼭 필요한 걸까요? 필요하다면, 그 이유가 무엇인지 적어 보세요.

04 다수를 위한 일이라는 이유로 힘없는 사람들을 억압하는 경우에 대해 책에서는 노예제도를 예로 들고 있습니다. 여러분은 주변에서 다수를 위해 소수를 희생해야 한다고 하는 경우를 보거나 겪어 본 경험이 있나요? 있다면 적어 보고, 그것이 왜 옳지 않은지 생각해 보세요.

05 민주적인 다수결의 원칙이 반드시 옳은 것만은 아님을 우리는 래인의 편지를 통해 알게 되었습니다. 여러분은 다수결의 원칙이 필요한 때와 그렇지 않은 때를 구별할 수 있나요? 몇 가지 예를 들어서 설명해 보세요.

06 밀과 벤담은 모두 공리주의자였습니다. 책을 잘 읽어 보고 공리
주의가 무엇이며, 두 사람이 생각한 쾌락을 얻는 방법이 무엇인
지에 대해서도 그 차이점을 비교하여 적어 보세요.

07 밀이 이야기한 육체적 쾌락과 정신적 쾌락에 대해 여러분의 경우와 관련하여 예를 들어 적어 보세요.

통합형 논술
문제풀이

01 저는 남자들이 성인이 되면 군대에 가는 것이 당연한 의무라고 생각합니다. 한국전쟁은 아직 끝난 게 아니고, 그러한 전쟁으로부터 우리 스스로를 지킬 수 있는 방법은 국방력을 키우는 것뿐입니다. 우리나라는 진정한 자유가 없었기 때문에 과거에 일본의 식민지가 되기도 했고, 끔찍한 민족 간의 전쟁을 치르기도 했습니다. 그렇기 때문에 우리의 힘으로 자유를 얻고 거기서 나온 힘으로 나라를 지키려면 우리 국민이 나라를 위해 희생하는 건 당연한 것이라고 생각합니다. 국가가 없으면 개인이 있을 수 없고, 그건 국가가 개인의 자유에 개입하는 게 아니라 당연한 권리를 갖는 것이기 때문입니다. 물론, 강제적으로 군대에 가야 하는 것이 국가가 개인의 자유를 침해하는 것일 수도 있지만, 개인의 의무가 충실히 이행되어야 자유도 누릴 수 있는 것입니다. 또한 의무를 충실히 이행할 때 자신의 권리도 주장할 수 있고, 그렇게 되었을 때 자유 역시 편안히 누릴 수 있다고 생각합니다.

02 밀은 자유로운 의견의 발표는 부드럽고 온화한 분위기 가운데서 이루어져야 한다고 했고, 발표하는 모든 사람들에게 똑같이 공평한 조건이 주어져야 한다고 했습니다.

03 법은 반드시 필요한 것이라고 생각합니다. 사람들이 모여 살면서 사회를 이루면 다양한 일들이 일어나게 되고, 사회가 커지고 복잡해질수록 법 또한 다양하고 복잡해집니다. 이때 법은 누군가를 벌주거나 감옥에 보내기 위해서가 아니라, 나쁜 범죄로부터 일반 사람들을 구제해 주기 위해 필요합니다. 예를 들어 열심히 살면서 돈을 모은 사람이 한순간에 도둑을 맞거나 사기를 당하면 그땐 누가 보호해 주어야 합니까? 바로 법입니다. 법에 의해서만 범인을 잡고 손해배상을 해 줄 수 있습니다. 때문에 법은 반드시 필요한 것이라고 생각합니다.

04 지금 한창 문제가 되고 있는 FTA가 바로 그 예라고 생각합니다. 저희 할아버지께서는 농사를 지으시는데, FTA 반대 운동을 하기 위해 서울로 올라오셨습니다. 다수의 힘에 의해, 또 강자의 논리에 의해 약자인 우리의 농업이 희생되고 있는 현실이 안타깝습니다. 그래서 소수이지만 그래도 많은 사람들이 FTA에 반대하는 것일 테고, 저 역시 반대입니다. 아무리 소수이고 힘이 없더라도, 더 이상 다수에 의해 이렇게 피해를 보는 일이 없었으면 좋겠습니다.

05 과학적인 사실은 다수결로 판단할 수 없다고 생각합니다. 그 대표적인 예가 바로 갈릴레오 갈릴레이의 지동설입니다. 당시에 대다수의 사람들은 지구를 중심으로 태양이 돈다는 천동설을 믿었고, 그것이 진리로 인정되었습니다. 갈릴레오만이 과학적인 증명을 통해 태양을 중심으로 지구가 돌고 있다고 주장했으나, 그 생각을 마음껏 펼칠 수는 없었습니다. 많은 사람들이 천동설이 옳은 것이라고 생각했기 때문입니다. 이처럼 과학적 사실 등은 다수결로 판단할 수 없습니다. 또한 다수결의 판결에 의해 소수의 사람들이 피해를 본다거나 인격적으로 피해를 볼 수 있는 가능성이 있다면 그것 또한 다수결로 판단해서는 안 되는 일이라고 생각합니다. 그러나 회의에서 의안을 결정하거나, 선거를 하는 등 확실한 결과가 정해져 있지 않은 문제를 결정할 때는 많은 사람들이 동의하는 것을 옳은 것으로 하는 다수결의 법칙이 유용하게 사용됩니다.

06 공리주의는 철학의 한 생각으로, 어떻게 하면 많은 사람들이 행복한 생활을 할 수 있을까에 대해서 연구하는 것입니다.
그러나 대표적인 공리주의자인 벤담과 밀은 생각하는 방식이 조금 달랐습니다. 벤담은 '최대 다수의 최대 행복'에서 가능한 많은 사람들에게 행복이 주어지는 것이 더 중요하다고 판단했습니다. 즉, 쾌락의 질보다는 양을 더 중요하게 생각한 것입니다. 반대로 밀은 '배부른 돼지보다는 배고

픈 소크라테스가 낫다'고 이야기했습니다. 쾌락의 양보다는 질적인 쾌락을 중시한 것입니다.

07 밀은 육체적인 쾌락을 나쁜 것으로, 정신적인 쾌락을 좋은 것으로 보았습니다. 예를 들어 컴퓨터 게임은 재미있고 즐거운 놀이입니다. 그렇지만 늦게까지 하다 보면 다음 날 생활에까지 지장을 주게 됩니다. 육체적으로 즐거운 일이지만 좋지 않은 영향을 미치게 되는 것입니다. 그러므로 이러한 육체적 쾌락은 좋지 않습니다. 그러나 독서를 하거나 공부를 하는 것은 성적을 오르게 해 주고 정신 건강에도 도움을 줌으로써 정신적인 쾌락을 느끼게 합니다. 그러므로 정신적 쾌락은 긍정적인 것으로 볼 수 있습니다.